LE DESTIN M'A PERMIS
D'ALLER PLUS HAUT QUE
MES RÊVES

Claire O'Petit

LE DESTIN M'A PERMIS D'ALLER PLUS HAUT QUE MES RÊVES

Mentions légales

© Claire O'Petit 2025

Édition : BoD · Books on Demand, 31 avenue Saint-Rémy,
57600 Forbach, bod@bod.fr
Impression : Libri Plureos GmbH, Friedensallee 273,
22763 Hamburg (Allemagne)

ISBN : 978-2-3226-5335-5
Dépôt légal : juin 2025

Travail éditorial :
agence éditoriale Empreinte
empreinte.click

Table des matières

Ce livre est dédié à ceux qui me sont chers : ma fille, Magali ; mes petits-enfants, Mylan et Tess ; et mon gendre, Benoît.

Mon récit se veut porteur d'optimisme et d'espoir, une source d'inspiration pour celles et ceux qui doutent, qui pensent qu'en l'absence de pistonnage par des relations ou d'une origine favorisée le succès serait hors de portée : je soutiens une vision bien différente...

Chacun est architecte de son destin. L'extraction sociale importe peu ; la vraie richesse réside dans nos valeurs et nos aspirations : c'est ainsi que les rêves deviennent accessibles. Il est primordial de tendre la main aux autres ; après tout, on ne réalise rien en solitaire et on n'a jamais raison tout seul... Avec conviction et sans jamais renier ses principes, tout devient possible.

Cet ouvrage est évidemment un témoignage personnel et le concentré d'un parcours de vie, riche et atypique, mais aussi et avant tout une plongée dans l'univers de la politique et dans ses arcanes, offrant un éclairage de l'intérieur sur les raisons pour lesquelles les territoires ruraux - au premier rang desquels, le département de l'Eure - ont basculé au Rassemblement National.

Partie 1 : L'élection législative de 2017

1. Investie

Vendredi 19 mai 2017

Il était un peu moins de midi, et c'est sous le soleil de printemps que je suis sortie de la préfecture de l'Eure : j'étais officiellement la candidate investie aux élections législatives par le parti du Président de la République tout juste élu, dans la cinquième circonscription de l'Eure.

Ce n'était pas la première fois que je me présentais à une élection, mais, pour la première fois, je sentais que les choses pouvaient changer, devaient changer, que tout est était possible. Révolution..., le titre du livre-programme d'Emmanuel Macron augurait d'une transformation de la Société que, par mon histoire personnelle et mon vécu auprès des gens et en tant qu'élue, j'appelais depuis longtemps.

Je savais alors que le chemin ne serait pas tout tracé, qu'il serait semé d'embûches. En effet, une campagne, contrairement à ce que l'on pense, ce n'est pas seulement coller des affiches et distribuer des tracts. On prend des coups, on s'expose, on expose les siens, on absorbe en direct la colère, voire la détresse, d'électeurs déçus par tant d'années d'errement politique.

C'est la raison pour laquelle, en quittant la préfecture, j'ai pris la mesure du poids qui pèserait sur mes épaules et que je ferais peser sur mes proches.

Je suis issue d'un milieu ouvrier et rien ne me prédestinait à briguer de telles responsabilités : députée de la Nation. Pourtant, à ce moment précis, aux yeux des électeurs, je suis devenue, non plus Claire la commerçante ou la *Grande Gueule*, mais Claire O'Petit, la « politique », la représentante d'un système qu'ils rejetaient de manière croissante.

Autre défi auquel on ne pense pas forcément : la logistique ! Trouver un imprimeur, faire de bonnes photos en peu de temps, créer et imprimer les tracts, sortir les affiches, être prête le plus rapidement possible... Tous les candidats investis se ruent alors chez les ateliers d'impression et chez les graphistes. C'est là que mon expérience passée et mon réseau m'ont aidée à être opérationnelle en un temps record et à démarrer ma campagne avec presque une semaine d'avance par rapport à mes concurrents. Je ne dis pas que c'est cela qui a fait pencher la balance, mais par contre, il est certain qu'il est possible de perdre une élection à cause d'un retard à l'allumage, certaines et certains de mes collègues candidats en ont fait les frais.

Pendant toute ma campagne, je n'ai eu qu'un objectif : convaincre chacun des électeurs de ma circonscription que le projet porté par Emmanuel Macron pouvait réellement et concrètement améliorer leur vie.

Nous sommes remontés en voiture, avec Jim, qui allait devenir mon collaborateur parlementaire, puis avons pris la direction de mon domicile afin d'ébaucher un plan de bataille.

Un seul objectif : être proche de nos concitoyens, être sur le terrain comme je l'avais toujours été et ne pas faire une campagne d'élus ou d'étiquettes. Les « prises de guerres », les « soutiens ou consignes de votes », les gens en ont assez et à raison, car chacun est assez intelligent et adulte pour savoir à qui donner sa voix… ou pas ! Je ne voulais pas de meetings, de grands discours ou d'entre-soi. Le choix délibéré était vraiment de sillonner la campagne à travers ses plus petits villages, de diffuser un message, et aussi de porter un espoir.

L'élection d'Emmanuel Macron avait été vécue par beaucoup – et j'en étais – comme promesse de jours meilleurs, d'une meilleure transparence dans la vie politique, et de la parité dans la société, enfin ! Sans discrimination, ni négative (la femme est naturellement l'égale de l'homme) ni positive (je ne suis pas une féministe militante, c'est en se battant que l'on se fait sa place, et ce quel que soit son sexe).

Marchés, fêtes de village, foires à tout, parkings de supermarchés : nous avons sillonné la circonscription pendant plusieurs semaines afin d'aller à la rencontre de chaque électeur. Cela m'a permis d'échanger avec de très nombreuses familles de toutes générations, heureuses et épanouies. Contrairement aux idées reçues, la ruralité n'est pas un bagne mais un magnifique creuset où l'on peut s'accomplir. Pourtant, j'ai aussi essuyé, je dois l'avouer, de nombreuses critiques, et c'est normal, car notre pays souffre. Et ces souffrances sont encore plus prononcées dans le monde rural.

Je le dis aujourd'hui humblement : je connaissais ces souffrances pour les avoir vécues au quotidien, mais mon rôle, pendant cette campagne législative, était de les entendre pour, demain, inscrire dans le marbre de notre loi les nouvelles règles qui permettraient d'y répondre.

En effet, après la victoire d'Emmanuel Macron à l'élection présidentielle, les attentes à l'égard des candidats investis par *La République en marche (LREM)* étaient d'autant plus fortes.

Pour préciser l'origine de mon engagement, le 1er décembre 2016, je m'étais rendue à Évreux, pour une séance de dédicace du livre d'Emmanuel Macron, « Révolution ». J'étais alors chroniqueuse des Grandes Gueules sur RMC et y exprimais fréquemment mes doutes, voire une forme d'opposition. La librairie d'une surface conséquente était remplie d'une foule impressionnante, ce qui m'avait permis d'observer son comportement avec chacune des personnes le sollicitant pour un entretien et une dédicace personnalisée de son ouvrage. J'avoue avoir été impressionné par sa bienveillance, son écoute, son temps accordé à chacun. L'observation de cette séance de dédicaces ainsi que l'accueil des Eurois à son égard m'avaient permis pour la première fois d'avoir la conviction qu'il pouvait devenir Président de la République. Ce jour-là, j'avais aussi rencontré Jim pour la première fois.

Cette rencontre que je croyais fortuite s'est avérée très importante par la suite. Pourquoi fortuite ? Tout simplement parce que Jim, quelque temps plus tard, m'a avoué qu'il était venu à cette séance de dédicace en espérant me rencontrer. Il avait analysé qui pourrait être la candidate investie par le président pour les prochaines législatives dans la

5e circonscription de L'Eure si Emmanuel devenait Président ; en étudiant mon profil, il était persuadé que ce serait moi, et comme il voulait être de nouveau attaché parlementaire, il a profité de cette occasion pour faire ma connaissance. Il a eu raison, puisqu'il est devenu un de mes deux attachés parlementaires. Nous avons pendant cinq années travaillé ensemble. Je dois avouer que ma collaboration avec Jim a été fructueuse et amicale, mais pas toujours de tout repos.

Durant cette campagne un peu folle, j'ai fait la connaissance de gens brillants et noué des amitiés solides. Avec Brigitte aussi, dont j'avais fait la connaissance quelques mois plus tôt.

Toutefois, pour être candidate, encore fallait-il que je sois investie par le parti. J'avais donc déposé ma candidature, comme des milliers d'autres postulants à travers le pays et quelques dizaines à l'échelle de ma circonscription, et attendu la publication de la liste des 577 candidats par le siège de LREM.

2. Candidate

Je m'en souviens comme si c'était hier, c'était le jeudi 11 mai 2017. J'étais devant l'écran de mon ordinateur, entourée de mon équipe, rafraîchissant frénétiquement la page depuis 17 h, heure théorique de publication de la liste, quand mon téléphone a sonné à 17 h 45. À l'autre bout du fil, sur haut-parleur, mes amis de l'équipe des *Grandes Gueules* qui m'appelaient pour me féliciter : j'étais officiellement investie par « En Marche ! » dans la cinquième circonscription de l'Eure. Un moment d'émotion et d'éclats de joie partagée entre tous, des minutes incroyables et merveilleuses...

C'était un moment de soulagement et de détente euphorique, après une campagne présidentielle durant laquelle je m'étais profondément investie. J'étais ravie également de l'apprendre par mes amis des Grandes Gueules, qui me suivaient depuis plus de 13 ans. Cela a été un moment surréaliste d'une rare intensité, que jamais je n'aurais pu imaginer. Mais l'euphorie a été de courte durée : nous avons appris simultanément que le siège convoquait tous les candidats le samedi, soit seulement deux jours plus tard, pour une première réunion de lancement de la campagne. Le vendredi 12 mai a donc été consacré aux premières urgences : structurer l'équipe de campagne et organiser une réunion le dimanche après-midi afin de désigner un suppléant. Le marathon commençait déjà à se transformer en sprint… et cela ne faisait même pas une heure que j'étais investie. Aussitôt, j'ai invité l'ensemble des militants de la circonscription afin qu'ils puissent postuler au poste de suppléant.

Vincent, le pilier des *JAM,* les jeunes avec Macron, avait l'habitude de réunir les marcheurs dans un restaurant de Gisors… qui n'a heureusement pas pu nous accueillir. Je dis « heureusement », car il nous a fallu trouver une solution alternative, et c'est Jim qui l'a trouvée : solliciter le maire de sa commune, Fabrice, afin d'obtenir une salle communale. Nous avons découvert à cette occasion qu'il était un soutien d'Emmanuel Macron. Bingo pour la salle et banco pour le maire ! En effet, curieux de me rencontrer (il ne regardait pas les grandes gueules et n'avait jamais entendu mon nom), il a souhaité assister à la réunion qui se tenait dans son village et qui était ouverte à tous. Juriste en droit public de formation, ancien président d'association sportive, vice-président de section au conseil de Prud'hommes de Pontoise, il avait en outre géré le syndicat de déchets local en tant que vice-président et était très engagé dans l'environnement, le social et la vie locale. Au final, il s'est imposé naturellement au cours de la réunion comme mon suppléant parmi les huit candidats, et il est devenu, une fois que j'ai été élue députée, mon autre collaborateur parlementaire. Fabrice et Jim : sans ces deux-là, mon mandat de députée aurait été bien différent !

Il me restait le plus difficile : annoncer mon choix, au risque de mécontenter les sept autres postulants et leurs soutiens. Aujourd'hui encore, je me félicite des conditions dans lesquelles cette annonce a été reçue par chacun d'eux, même si la campagne – interne cette fois – ne faisait que commencer. En effet, les uns me reprochaient de ne pas habiter Vernon, la commune principale de la circonscription, quand les autres, vraisemblablement frustrés de ne pas avoir obtenu l'investiture, tentaient de me nuire en exhumant de mes passages dans les *Grandes Gueules* des déclarations polémiques. J'ai réalisé alors assez rapidement que la campagne serait aussi difficile au sein du parti que devant les seuls qui comptent, les électeurs.

Je préfère évacuer ce débat et crever l'abcès immédiatement. J'ai, bien entendu, été attristée par ces tentatives de déstabilisation qui ont consisté à extraire des propos de leurs contextes pour en créer des montages polémiques. Pourtant, si je fais peu de cas de ma personne, je veux dire en revanche à ceux qui s'y sont adonnés qu'ils n'ont pas mesuré l'impact dévastateur de leurs agissements. J'étais candidate aux élections législatives, certes, et j'en assumais les conséquences ; mais j'étais, et je suis, avant tout, mère et grand-mère. Et, aujourd'hui, c'est à ma fille, à son compagnon et à leurs enfants que je dois des excuses : ils ont eu à payer le prix de ces manipulations alors qu'ils n'aspiraient qu'à continuer de vivre normalement. Les petits esprits peuvent faire de grands dégâts, car, comme l'a dit Dickens, l'ignorance et le désir sont les deux maux à craindre le plus… et à soigner.

Fort heureusement, cette campagne a aussi été marquée par la solidarité et la confiance que je pouvais avoir dans le noyau dur de mon équipe, constitué d'une trentaine de marcheurs, toujours disponibles pour coller, tracter, tenir des stands sur les marchés et tenter de convaincre les électeurs d'offrir au Président de la République une majorité à l'Assemblée nationale, qui pourrait lui permettre de mettre en œuvre le programme pour lequel les Français lui avaient accordé leur confiance, à 66,10 % à l'échelle nationale. Un défi de plus donc, et non des moindres, car les résultats dans « ma » circonscription étaient loin de ce score et le travail des « grands » élus locaux, multicumulards et axés sur la communication, ne donnait pas confiance à la population et alimentait le vote à vers l'extrême droite.

L'Eure était néanmoins avantagée puisqu'elle comptait un représentant de poids au sein du premier Gouvernement d'Édouard Philippe : Bruno Le Maire, député de la 1re circonscription depuis une dizaine d'années. Il n'a toutefois pas brillé par le soutien qu'il m'a apporté. Mon équipe et moi nous souviendrons d'ailleurs longtemps de ce déplacement de campagne du 15 mai 2017 à Pacy-sur-Eure, au cours duquel il m'a été quasiment impossible de les approcher, Édouard Philippe et lui, bloquée par des groupes de jeunes militants *Les Républicains*. Ces jeunes virulents protégeaient les ministres, opérant un blocus autour d'eux, comme s'il s'agissait de leur candidat. Pourtant, Bruno Le Maire était investi par En Marche ! Ils agissaient ainsi alors même qu'une candidate, Comba Dioukhané, était investie par les LR... La politique à géométrie variable.

Autre élément troublant, cette réunion organisée par mon adversaire *Les Républicains* à l'avant-veille du premier tour et à laquelle a pris part Sébastien Lecornu, futur secrétaire d'État du premier gouvernement d'Emmanuel Macron. Si Sébastien m'avait assurée de son soutien lorsque nous nous étions croisés sur le marché de Vernon, je regrette le fait que le candidat aux côtés duquel il se tenait, aurait siégé, s'il avait été élu, dans un groupe d'opposition au gouvernement au sein duquel il s'apprêtait à faire son entrée. Membre référent d'Oser la France, mon adversaire Républicains, maire de Gisors et très proche de Sébastien, était en effet très ancré dans la droite dure. Le choix comme suppléante aux législatives de la Présidente de Sens Commun, Catherine Delalande, déjà binôme de Lecornu au conseil départemental, aurait également dû m'alerter à l'époque. Sa proximité avec Alliance Vita, le groupuscule catho intégriste, était pour moi une ligne rouge à ne pas franchir, aux antipodes des promesses de tolérance et de progressisme portées par Macron. Cette association intégriste a d'ailleurs été par la suite invitée dans une salle de Vernon, quand toutes les autres villes du secteur lui avaient refusé cet hébergement.

Extrait du journal Le Démocrate Vernonnais

À Vernon, l'association Alliance Vita est la bienvenue.
Par **Rédaction Vernon**, publié le 18 janv. 2023 à 7 h 46

Une association opposée à l'avortement propose des formations à Vernon

L'association Alliance Vita, connue pour ses manifestations anti-PMA à Vernon (Eure), organise un cycle de formation dans une salle prêtée par la mairie.

Tout le mois de janvier, l'association Alliance Vita organise un cycle de **formation** à travers la France dans le cadre de son Université de la vie. À **Vernon,** dans **l'Eure,** quatre séances ont été programmées, tous les lundis du mois, dans **une salle prêtée par la municipalité**, l'espace Marcel-Beaufour.

Née en 1993 en réaction aux premières lois bioéthiques_en France, l'association Alliance Vita rayonne grâce à la mobilisation de ses militants à échelle locale.

Contre l'avortement, l'euthanasie et le mariage homosexuel, voici en quelques lignes un résumé des combats menés par l'association Alliance Vita.

Des formations tout le mois de janvier

L'objectif de ce cycle de formation ? « Aborder des thèmes différents, comme le **début** ou la **fin de vie**, la difficulté de s'accepter comme homme ou femme », explique Alice de la Brière, déléguée départementale de l'Eure pour Alliance Vita.

Le format est le même pour chaque séance, des médecins, journalistes ou professionnels sont invités à livrer leurs **témoignages** sur ces différents thèmes.

Le 16 janvier, il était notamment question des lignes d'écoutes mises à disposition par l'association, comme SOS fin de vie ou SOS bébé. Ce service a justement été pointé du doigt lors du rapport sur l'accès à l'IVG du Haut conseil à l'égalité entre les hommes et les femmes, qui avait constaté que SOS bébé « entretenait l'illusion d'une ligne téléphonique institutionnelle ». Par ailleurs, certains militants pro-IVG soupçonnent cette plateforme d'écoute d'entraver le choix des femmes qui souhaitent avorter.

Arrivée en tête au premier tour, avec 28,56 % des suffrages contre 21,57 % pour le candidat du *Front national* et 19,78 % pour celui investi par *Les Républicains*, j'ai poursuivi ma campagne dans ce contexte local assez singulier. D'ailleurs, deux électeurs LR, sur le marché de Vernon, m'ont interpellée en présence de mon équipe, pour m'informer qu'ils avaient été contactés téléphoniquement par un haut responsable LR de notre circonscription pour leur demander de voter pour mon adversaire RN, en vue de récupérer facilement la circonscription aux législatives suivantes ! Ils avaient été outrés, en républicains qu'ils étaient, par cette odieuse démarche et m'ont affirmé que, contrairement à ces consignes honteuses, c'était à moi qu'ils accordaient leurs suffrages de second tour et non au candidat d'extrême droite. J'avoue avoir à ce moment douté de leurs affirmations, aussi sincères qu'elles paraissent. Puis, la réitération de cette situation, à Gisors cette fois, nous a convaincus de la réalité de la configuration du second tour : un front antirépublicain s'était établi contre moi par des cadres LR, puisque j'avais déjoué leurs plans et écarté le copain. L'entre-soi rien que l'entre-soi... Pour eux, la terre euroise leur appartient, malheur à celles ou à ceux qui déjouent leur plan.

Précision, S. Lecornu a été nommé secrétaire d'État le 2 juin 2017. Il a donc été exclu de ce fait des LR, bien qu'il n'en ait pas eu l'intention. A-t-il adhéré à la République En Marche, avec un degré de conviction variable ? Il est le seul à le savoir. À l'opposé, Bruno Le Maire, lui, a démissionné des LR après avoir été nommé ministre et a rejoint la République En Marche.

Cette campagne, que nous avions débutée avec motivation et conviction, se concluait donc progressivement sur un goût amer.

Qu'à cela ne tienne, nous voulions gagner et n'avons rien lâché jusqu'à la dernière minute.

Puis, il y a eu cette soirée électorale, à la mairie, chez Fabrice. Les trois ou quatre heures qui ont précédé le résultat résonnent, aujourd'hui encore, comme un compte à rebours dans ma tête.

BFM TV était présente dans la rue de la mairie de Chauvincourt-Provemont, suivant la soirée en direct. La tension était à son comble. Les premiers résultats commençaient à tomber, donnant un net avantage au candidat du *Rassemblement national*, jusqu'à ce que la courbe s'inverse petit à petit et me place en tête de ce second tour avec 55,98 % des voix.

Nous étions le 18 juin 2017, il était un peu plus de 21 h. J'étais officiellement députée de la cinquième circonscription de l'Eure.

Difficile de retranscrire, aujourd'hui encore, l'émotion qui a été la mienne, la nôtre, à l'annonce de ce résultat. Je me souviens d'avoir pensé à ma mère, je revois le regard de ma fille, les éclats de rire de mon petit-fils devant les larmes de sa grand-mère. Je me souviens de la joie de tous ceux qui avaient pris part à cette campagne et s'étaient battus pour que triomphent nos idées. Je me souviens, enfin, de ce sentiment étrange qui m'a traversée, empreint d'euphorie et d'esprit de responsabilité, quand le journaliste de BFM m'a appelée, pour la première fois, « Madame la Députée ». Mon petit-fils, Mylan, se collait tout contre moi, les yeux brillant de fierté et de joie. Les 80 personnes présentes dans la cour, ma fille Magali, mon gendre Benoît et Tess, ma petite fille dans son trotteur, tous ont entonné une Marseillaise qui a été la plus belle de ma vie. À toutes et tous, je veux simplement dire merci.

Partie 2 : Les sources de mon engagement

1. Des valeurs constructives

Rien ne me prédestinait à de telles aventures, bien que je me sois toujours battue pour accéder à mes rêves.

Née à Épinay-sur-Seine dans le 93, j'ai été élevée par une mère célibataire engagée, chef cuisinière et cadre CGT. Ma sœur aînée, Mauricette, m'a accompagnée tout au long de mon enfance, me devançant de trois années. Jacqueline, notre sœur plus âgée, ne vivait déjà plus à la maison. Nous avons été baignées dans un monde de valeurs et de politique.

L'éducation que j'ai reçue par ma mère m'a en effet inculqué la valeur du travail et la croyance qu'un effort soutenu peut engendrer une amélioration sociale – valeurs qui ont façonné ma vision du monde. Ces expériences baignées dans l'univers ouvrier et teintées par l'engagement politique et syndicaliste maternel – notamment au sein du Parti Communiste – ont marqué mon itinéraire personnel et professionnel.

Son parcours résistant et ses convictions ont été pour moi une véritable source d'inspiration.

Hébergée pendant la guerre chez une de ses tantes, car son premier mari était prisonnier de guerre, elle était employée dans un cinéma pendant le conflit, elle n'était donc pas soumise au couvre-feu. Cette tata mémère l'avait recrutée pour distribuer des tracts la nuit. Sa jeunesse et son emploi lui permettaient d'accomplir des missions impossibles pour d'autres. C'est là qu'elle avait pu partager les valeurs du communisme résistant. Elle avait néanmoins déchiré sa carte du Parti à la fin de la guerre lorsque des femmes, ayant eu ou supposées avoir eu « des liaisons intimes avec des Allemands » avaient été tondues. Elle ne se reconnaissait plus dans le mouvement.

Cela montre le tempérament qu'elle avait, et l'importance de ses valeurs. Elle croyait fermement au fait que le corps des femmes leur appartient. C'était une figure de principes et d'éthique – établissant une frontière claire entre ce qui lui semblait tolérable ou non. Mon histoire se tisse également autour de cette « Tata Mémère » : pilier essentiel dans le récit familial, respectée comme une matriarche. J'ai été à l'origine de son sobriquet, car mes cousines l'appelaient Mémère, et moi, Tata, j'ai donc fusionné les deux.

Comme ma mère, c'était une inconditionnelle des valeurs de gauche mais, contrairement à ma mère, elle adorait Mitterrand et c'était source d'échanges houleux entre elles.

Tata Mémère nous a quittés avant qu'il n'accède au pouvoir en 1981 – événement qui a ravivé en moi son souvenir.

Cette éducation, et la présence de ces femmes aux convictions fortes, ont forgé en moi une conscience sociale ainsi qu'une compréhension profonde des vertus telles que persistance et autonomie, autant d'atouts inestimables tout au long de ma vie. Ces valeurs que j'ai transmises à ma fille, elle les perpétue, avec le père de ses enfants auprès de mes petits-enfants.

Cette liberté de la femme, je la porte au plus profond de moi et elle a toujours été présente dans mes actions. Une des raisons sans doute pour lesquelles je n'ai pas pu m'accorder avec une certaine droite locale, adepte de la manif pour tous, qui prenait entre autres les enfants en otages en les faisant défiler dans les poussettes sous les slogans arriérés.

Ma mère a aussi subi la désillusion face aux manipulations et aux méconnaissances des événements véritables survenus en Russie... mais elle est restée communiste dans sa tête jusqu'à la fin de sa vie.

Elle achetait d'ailleurs l'Humanité tous les dimanches et je l'entends encore rouspéter à sa lecture dans un écho de souvenirs.

Ma personnalité s'est forgée également dans les valeurs du basket. En effet, une de mes cousines, Michèle, nous avait invitées, ma sœur et moi, à rejoindre leur équipe de basket-ball, à Saint-Denis, le seul club existant près de chez nous à cette époque. Surtout pour les filles. Ainsi, au gré des voyages en bus et des matchs, je me suis découvert une passion pour ce sport.

Curieusement, ce club était sponsorisé par Ricard, ce qui donnait lieu à des pratiques pour le moins inhabituelles pour de jeunes joueuses. Ainsi, à la fin de chaque match, nous avions droit à une boisson légèrement anisée : un vestige d'une époque révolue !

Déjà à neuf ans, le dirigeant de notre club (la SDUS), Claude Calvet, avait perçu en moi des prédispositions pour le leadership ; il m'a alors confié la responsabilité de capitaine. Lorsque j'ai eu seize ans, une dérogation m'a permis d'accéder prématurément à l'équipe première – un surclassement qui s'est révélé être un véritable tremplin, car, un an plus tard, je portais les couleurs nationales.

En intégrant l'équipe de France, j'ai découvert la responsabilité de l'engagement pour son pays, ses couleurs, son hymne. C'est un moment qui forge, mais qui fait prendre conscience de la capacité qu'a chacun à apporter son engagement à la Nation.

Et cela s'est manifesté très tôt chez moi, à travers ce sport. Un sport individuel m'aurait laissé un sentiment d'incomplétude... Pour moi, le travail d'équipe s'avérait et s'avère toujours crucial pour mon épanouissement ; la solidarité aussi, ainsi que la Fraternité, un terme galvaudé pourtant au cœur de notre devise nationale, mais qui s'exprime ô combien dans les sports collectifs.

En portant ce maillot de la France, jamais je n'aurais pu imaginer que, bien plus tard, je la représenterais de nouveau avec un rôle encore plus majeur. Les valeurs du sport et de la République sont finalement les mêmes, l'un comme l'autre nous transfigure et nous élève et c'est pourquoi je suis viscéralement opposée au voile et à tout signe religieux lors des pratiques sportives, pour les hommes comme pour les femmes. Le sport est un moyen d'émancipation et non de rabaissement ou de servilité.

Sur le plan professionnel, ma carrière a débuté humblement après l'obtention de mon CAP à 17 ans : vendeuse de chaussures dans un magasin sur les Champs-Élysées. Les réserves du magasin étaient sur trois sous-sols, on ne comptait pas les marches, mais ces descentes répétées nous offraient un beau spectacle car, au troisième sous-sol, par une petite fente, on avait une vue imprenable sur la scène du Lido. Nous, jeunes vendeuses et vendeurs, ne nous lassions pas de ce merveilleux spectacle ! Deux ans plus tard, j'ai intégré les Galeries Lafayette. Je suis ensuite devenue VRP pendant 4 ans – vendant des accessoires automobiles dans les Hauts-de-France, puis des fournitures de bureau en Île-de-France. Mes expériences variées incluent aussi la vente de perruques comme de produits alimentaires !

J'ai aussi endossé le rôle de vendeuse ambulante d'aspirateurs, sillonnant les rues pittoresques de Montmartre, au cœur du 18e arrondissement parisien, puis celui de démonstratrice de robots culinaires lors d'événements majeurs

– notamment les foires régionales et l'emblématique Foire de Paris.

Cependant, cette dernière aventure professionnelle s'est achevée sur un épilogue pour le moins décevant. En effet, après une dizaine de jours dédiés corps et âme à la Foire de Paris, nous guettions avec une vive anticipation l'arrivée du PDG – celui qui devait valider nos efforts par une juste rémunération. Imaginez notre stupéfaction lorsque le comptable nous a annoncé (avec un embarras palpable) que notre dirigeant avait pris la fuite aux premières lueurs du jour, emportant dans sa course non seulement les fonds, mais également tous les contrats signés ! Un coup dur qui a plongé notre équipe dans un abîme d'incompréhension ; nous étions désormais sans emploi, munis uniquement d'une indemnité symbolique et privés du salaire mérité pour ces dix jours intenses de labeur.

Après cette expérience malheureuse, j'ai changé d'orientation professionnelle. Au terme de plusieurs mois de formation en tant qu'ambulancière réanimatrice en 1975, j'ai obtenu mon Certificat de Capacité d'Ambulancier (CCA), avant de rejoindre une société parisienne située dans le 10e arrondissement. Là, j'ai eu l'opportunité de collaborer étroitement avec des médecins urgentistes (SOS Médecins). Mon expérience s'est ensuite étoffée à Argenteuil au sein d'une compagnie d'ambulances, qui distribuait également du matériel médical.

En 1981, après la naissance de ma fille, Magali, j'ai quitté mon appartement d'Asnières-sur-Seine, pour me rapprocher de ma sœur, Mauricette. Elle était nourrice, et j'ai donc décidé de lui confier Magali la journée. En effet, je n'aurais pas pu travailler tranquillement si j'avais dû la laisser à une inconnue. Telle était la raison de mon achat d'une maison à Saint-Denis.

La garde des enfants est un enjeu majeur pour l'émancipation des femmes. Le souvenir des difficultés que j'avais éprouvées à l'époque m'a conduite, une fois députée, à déposer une proposition de loi pour faciliter la garde des enfants des salariés. J'en ai fait aussi un combat permanent auprès de mes collègues.

Professionnellement, j'ai poursuivi mon parcours au sein de cette même entreprise pendant plus de 12 ans. Mon implication et mon savoir-faire m'ont permis d'évoluer vers le poste de directrice commerciale. Au fil du temps, en plus de mon secteur géographique, j'ai eu la responsabilité de diriger cinq commerciaux. Ma principale responsabilité consistait à dynamiser les ventes d'équipements paramédicaux, en particulier pour les personnes en situation de handicap – que ce soit à domicile ou dans des structures spécialisées comme les centres de rééducations, les maisons de retraite : fauteuils roulants, lits médicalisés, matelas et coussin anti-escarres, fauteuils de chambre sur mesures et couches.

J'ai pu me rendre compte des conditions bien trop souvent rétrogrades dans lesquelles ces personnes vivent et prendre la mesure, sur le terrain, des enjeux de la dépendance et de la fin de vie. Comment légiférer sans avoir vécu dans sa chair ces sujets ? J'ai subi moi-même des moments extrêmement douloureux, en ayant perdu Maman après deux ans de combats terribles à ses côtés, à la soutenir en vain à mon domicile contre la maladie d'Alzheimer. En tant que députée, j'ai profité de la possibilité qui m'était offerte de réaliser des visites inopinées dans les EPAHD pour vérifier les conditions de vie des anciens, et notamment celle de Gisors où les résidents ne pouvaient même pas disposer de réfrigérateurs. Sur mon intervention, de petits réfrigérateurs ont pu être fournis dans les chambres, ce qui est la moindre des choses quand on sait que dans ces conditions de vie la nourriture est un des seuls plaisirs de leur quotidien. La fonction de député permet de nombreuses choses et cette dimension terrain est hélas trop souvent occultée au profit des ors parisiens…

En 1991… un changement personnel radical a eu lieu : une opération chirurgicale pour l'ablation de la thyroïde a déclenché un virage professionnel : après m'être formée au toilettage canin, j'ai inauguré mon propre salon à Saint-Denis. Ma passion pour les animaux a été le catalyseur de ce changement d'orientation professionnelle.

Je me suis engagée bénévolement dans des associations animalières spécialisées auprès des félins errants. C'est aussi la demande croissante concernant l'entretien spécifique de certaines races canines – pensons aux caniches ! – qui a guidé mon choix. J'avais durant ma jeunesse dû renoncer à mes envies d'études en esthétique, ma mère ayant malheureusement suivi les conseils de la chargée d'orientation, qui ne prévoyait aucun avenir à cette profession. Sans commentaire...

Ironiquement, avec le toilettage, je rattrapais un peu ce chemin !

2. Mes débuts en politique

Sans le savoir, l'inauguration de mon salon de toilettage a fait office d'amorce à mes débuts en politique.

Au fil du temps, j'ai en effet tissé des liens solides avec le commerce local, et je participais activement aux événements du quartier. La première réunion à laquelle j'ai pris part a été très animée et houleuse : la municipalité annonçait le parcours et les contraintes des travaux du futur tramway sur rails allant de la place du 8 Mai à la Gare de Saint-Denis. La deuxième avait pour thème les indemnités qui seraient versées aux commerçants et artisans impactés par les travaux. Celle-ci a failli se terminer en bagarre générale entre commerçants et élus.

J'ai quitté cette soirée très choquée, mais cette expérience et ses connexions ont été salvatrices lorsque la municipalité a projeté une nouvelle fiscalité sur les enseignes.

En effet, étrangère aux arcanes politiques municipales (parenthèse nécessaire), j'ai été plongée au cœur d'une controverse qui jusque-là m'était inconnue... L'annonce du montant prohibitif de cette taxe nouvelle a soulevé une vague d'indignation chez mes confrères commerçants. Rapidement, ils ont organisé une réunion avec quelques élus d'opposition à la municipalité pour débattre des conséquences potentielles.

À ma stupéfaction – moi qui n'avais jamais frôlé ces sphères – nous étions tous là : solidaires et outrés.

Ce jour-là a germé l'idée de créer une association pour défendre nos droits. Peu après cette assemblée animée par la volonté commune (et la colère), il est apparu évident qu'il nous fallait un président neutre politiquement... Les regards se sont tournés vers moi. Élue malgré mes hésitations et forte du soutien promis par mes pairs (dont M. Petit - le libraire spécialisé dans les bandes dessinées, et juriste), j'ai été propulsée à la tête de cette toute jeune association en dépit de mon manque d'expérience dans le domaine associatif. En réalité, je servais de prête-nom sans saisir pleinement l'étendue de mes responsabilités. J'étais là avant tout pour détourner le regard de la mairie face à l'opposition.

Les commerçants du coin affichaient leurs préférences politiques ; en grande partie fidèles au RPR (la droite), parti auquel ma mère s'était toujours opposée. De son côté, la municipalité était sous l'emprise des communistes – une tendance diamétralement distante de la majorité de celle des commerçants. Cependant, les élus RPR de l'opposition ont fait montre d'une intégrité remarquable : une fois l'association créée, jamais ils n'ont cherché à peser sur nos décisions ou associer notre cause à la leur. Leur appui a été crucial dans notre victoire. Le maire adjoint au commerce, Farid Ouallouche refusant de nous communiquer le montant des taxes des communes environnantes, la mairie nous a laissé jusqu'à 18 h avant de nous positionner. Ni une ni deux, nous avons sauté sur la moto de monsieur Petit pour faire le tour des mairies du coin. Refus dans la première, et bingo dans la deuxième à Montreuil : la taxe y était quinze fois moins élevée que celle proposée à Saint-Denis. Alors que nous revenions avec la preuve sous son nez dans le délai imparti, la mairie incrédule devant notre démarche et la célérité de celle-ci, a dû faire volte-face : deux mois plus tard, la taxe sur les enseignes a été divisée par 15 !

Cette aventure a été éminemment instructive sur le plan politique.

L'Association a été baptisée « Collectif des Commerçants et Artisans de Saint-Denis », et j'ai donc été élue à sa présidence en 1989 jusqu'à mon entrée à l'Assemblée nationale en 2017.

Trois ans plus tôt, le ministère du Commerce avait initié un projet de Maison du Commerce et de l'Artisanat (MCA), une première en France. Nous avons alors proposé qu'une part majoritaire (75 %) des fonds générés par les impositions supplémentaires soit redistribuée à la Maison du Commerce et de l'Artisanat, tandis que les 25 % restants seraient destinés aux communications municipales... Le collectif était formellement institué. Le travail était sur le métier.

Peu après est venue l'annonce : une assemblée générale extraordinaire se tiendrait bientôt pour élire le président de la MCA – rôle jusqu'à présent tenu par un commerçant très proche de la municipalité, puisqu'il était également conseiller municipal de la majorité. J'ai alors annoncé ma candidature pour prendre la tête de ladite MCA, au grand étonnement de Mr Ouallouche.

Le prête-nom était devenu une femme politique !

La veille du scrutin, Patrick Braouezec – maire en fonction – m'a convoquée, ainsi que le trésorier de notre association. Dans son bureau, et autour d'un verre de whisky, il a vainement tenté de me dissuader ; arguant mon inexpérience supposée quant à la gestion associative... Il a même évoqué l'actuel président (commerçant et conseiller communiste), suggérant qu'il serait sage d'attendre sa retraite programmée un an plus tard…

Malgré sa réticence, je suis restée ferme sur mes positions ; forte notamment des compétences développées comme directrice commerciale.

La Maison du Commerce et de l'Artisanat, jusqu'alors virtuelle et sans locaux, n'avait pas montré d'activité notable à Saint-Denis. Mon projet prévoyait l'ouverture d'une permanence avec un employé dédié à aider les commerçants et artisans dans leurs démarches administratives, et à l'organisation de promotions commerciales diverses, pour Noël et Pâques. Je prévoyais également l'organisation d'une « grande braderie » annuelle impliquant tous les commerçants et artisans, sédentaires ou non, de la ville.

Ma proposition, détaillée et bien structurée, m'a permis d'être élue au premier tour.

Je suis devenue présidente de deux associations de commerçants et d'artisans.

La première, le Collectif non subventionné, avait pour but la défense des commerçants et artisans.

La deuxième, La Maison du commerce et de l'artisanat subventionnée, avait pour but le développement et la promotion du commerce et de l'artisanat.

Cette expérience a marqué le début de ma collaboration fructueuse avec le maire adjoint, (nous sommes même devenus amis), et cela a lancé une aventure des plus enrichissantes.

Quand, en juin, a donc eu lieu la première braderie dont la préparation avait commencé six mois auparavant, ce ne sont pas moins de 850 commerçants locaux et non sédentaires qui se sont rassemblés en centre-ville, générant une affluence considérable.

3. La coupe du monde

En 1997, le sujet de la Coupe du monde s'est imposé lors d'une réunion entre le maire, des élus et divers services, et moi-même, représentant les commerçants et artisans. Mr Braouzec a révélé qu'un événement se tiendrait à l'hôtel Méridien de la tour Montparnasse, rassemblant les neuf villes hôtes et leurs offices du tourisme ainsi que les sponsors. Interpellant le maire, j'ai souligné l'importance de la présence des commerçants et artisans. **Pour quoi faire ?** a-t-il demandé, m'invitant tout de même à les rejoindre, sans grande conviction.

Je m'y suis donc rendue, accompagnée de Christine, ma secrétaire. Nous avons alors découvert qu'aucun emplacement sur les stands n'avait été prévu pour les commerçants. Seuls les municipalités et les offices du tourisme avaient une table pour s'entretenir avec les sponsors.

L'évidence a été pour moi de fédérer l'ensemble des commerçants et artisans des villes hôtesses afin d'adopter une ligne commune devant l'ampleur de l'événement pour ne pas en être les grands oubliés et les grands perdants.

L'impulsion décisive a été donnée grâce à l'adhésion immédiate de notre première interlocutrice contactée, la présidente de l'association de Saint-Étienne, également commerçante en bijouterie et créatrice de bijoux. Son intérêt s'est rapidement manifesté en nous conviant à une grande soirée, rassemblant les commerçants locaux et sa municipalité, pour nous permettre d'exposer le projet. Nous avons évidemment répondu à l'invitation et pris le train pour Saint-Étienne. Sur place, notre présence est totalement passée inaperçue, à notre grande déception ! Personne ne semblait informé de notre participation, et nous n'avions pas été officiellement annoncés comme invités. Nous avons donc attendu, patientes et résolues, dans un coin. La présidente a prononcé un discours sans jamais mentionner la Coupe du monde ni notre présence, et nous avons assisté à des discussions qui ne concernaient pas notre mission initiale.

Mais cette soirée qui avait manqué de chaleur importait peu, notre détermination était intacte. Le lendemain, lors d'un petit déjeuner au mythique stade, puis d'une réunion avec l'association locale des commerçants, nous avons pu discuter de la potentialité de rehausser le budget pour notre projet, et de contacter toutes les autres villes, avec une rencontre prévue à Saint-Denis.

Notre départ de Saint-Étienne était mitigé, partagées que nous étions entre la promesse d'un développement amorcé et la déception d'un accueil déplorable.

Le tournant a pu être pris grâce à un autre élu socialiste du conseil municipal de Saint-Denis, Luc Matray, qui était aussi conseiller de la ministre du Commerce, Marilyse Lebranchu. Il a été sensible à notre initiative, étonné de notre déplacement et de notre projet national, et a accepté d'en informer la ministre, conscient de la nécessité d'agir pour les commerçants et les artisans.

Quelques heures plus tard, on m'a informée que, si nous parvenions à remplir une salle avec plus de 150 commerçants et artisans, Madame la Ministre viendrait nous rencontrer. Défi relevé aussitôt !

Mme Lebranchu a tenu parole, écoutant attentivement notre projet et nous proposant un soutien financier de 5 000 francs pour la création de l'association. Elle a ajouté, avec une pointe d'humour, qu'elle m'offrirait une médaille en chocolat si je réussissais à fédérer les commerçants et artisans des différentes villes – une tâche réputée difficile.

Tout s'est alors rapidement développé grâce à la collaboration des municipalités… et aussi, je crois, à mon opiniâtreté. À notre grande surprise, même M. Braouzec, alors maire, et bien que nous soyons en désaccord politique, nous a accordé une salle pour notre première réunion. Son enthousiasme n'a pas été débordant, mais il a néanmoins joué le jeu, permettant ainsi à tous les participants de se rencontrer et d'avancer sur le projet.

Toutes les associations étaient présentes au grand complet, à l'exception de celle de Bordeaux, ville qui n'a pas souhaité nous rejoindre et qui avait ses raisons – chaque rue possédait à l'époque sa propre association de commerçants.

La réunion s'est déroulée dans une ambiance empreinte d'effervescence et sans anicroche. Au contraire, nous avons de suite créé une atmosphère conviviale et chaleureuse, qui a insufflé un dynamisme et un sentiment d'espoir, rassemblant des délégués issus de neuf cités, pour un total avoisinant les soixante participants par session.

Je garde un souvenir indélébile de cette époque, principalement à Lyon, sous l'égide de Monsieur Raymond Barre, alors maire, qui nous a conviés à dîner dans un bouchon typique, après une réunion de travail dans sa superbe mairie. L'accueil a été exceptionnel, en présence des associations de commerçants et artisans et de leurs bureaux. Un grand homme vraiment investi pour sa ville nonobstant sa dimension nationale.

Au début, portés par une myriade d'idées et armés de quelques devis préliminaires... nous étions loin d'imaginer que nos projets allaient prendre leur envol si rapidement. La progression a été saisissante, je n'ai même pas eu besoin de me rendre personnellement au ministère grâce aux interventions de Luc Matray auprès de Mme Lebranchu et à celles non moins efficaces de M. Ouallouche... Notre dossier a reçu l'approbation en six semaines tout au plus – du jamais vu – surtout eu égard du million de francs alloué par ville ! Il s'agissait d'un Fonds d'Intervention pour les Services, l'Artisanat et le Commerce (FISAC).

Un compte dédié a été ouvert pour ces fonds au nom de l'association, sous ma houlette. Chaque ville a donc reçu sa part, même Bordeaux. Le ministère nous a alloué un total de neuf millions de francs, j'en remercie encore aujourd'hui madame Lebranchu.

Mon commerce a subi quelques difficultés liées à mes absences, atténuées grâce à une employée dévouée ; son soutien précieux tandis que la proximité entre mon magasin et la maison du commerce a simplifié grandement notre coordination. Néanmoins, mon engagement a eu des répercussions sur ma présence en boutique ainsi que sur le temps passé avec ma fille, car le travail était incessant...

Nous avons en effet élaboré conjointement diverses initiatives afin d'uniformiser les animations dans toutes les villes impliquées : les boutiques arboraient toutes fièrement les mêmes décorations, et les mêmes cadeaux étaient offerts à l'entrée de chaque stade par des hôtesses ; les commerçants locaux avaient toutefois la possibilité d'y ajouter une touche personnelle. Il y avait notamment des porte-voix géants en carton ornés du logo collectif. Dans chacune des villes participantes, vitrines comme sols témoignaient fièrement leur appartenance au collectif via affichage du drapeau ou tapis. La cohérence dans la variété offerte tant en cadeaux qu'en articles promotionnels soulignait toute l'étendue ambitieuse, mais maîtrisée de notre projet communautaire.

Le 10 juin 1997, un an précisément avant le début de la coupe du monde, nous avons inauguré un imposant compte à rebours au milieu de la place de la Porte de Paris et à quelques mètres du stade de France. Michel Platini nous a gratifiés de sa présence, ainsi que de nombreux élus et médias. Ce compte à rebours saluait quotidiennement les passants et les automobilistes qui empruntaient l'autoroute A1 en direction du Bourget ou de Paris. Impossible pour eux de passer à côté de cet événement – notre contribution à son financement était source d'une légitime fierté.

Cet événement avait été financé en totalité par la MCA, et nous avons souhaité y associer une classe d'enfants. Je dois admettre que, durant cette année, ma présence auprès de ma fille avait été réduite ; j'avais néanmoins choisi sa classe pour participer à cet événement. Grâce à ma mère et ma sœur, qui veillaient sur elle, ma fille n'a pas trop souffert de mon absence.

Cette expérience a donc également profité à ses camarades de classe, M. Platini a généreusement offert et signé individuellement chaque T-shirt portant notre logo à tous les enfants présents.

Après cette inauguration, il ne nous restait qu'une année pour tout concrétiser : le stress, les angoisses, les inquiétudes du manque de temps, les défaillances des uns, le manque de sommeil, mais aussi et surtout les rires, les joies, les satisfactions, les complicités ont marqué notre quotidien.

Enfin, le 10 juin 1998, début des festivités ! Tout était prêt, le pari était relevé : les rues envahies par les supporters de toutes les nationalités, et en surprime une équipe de France phénoménale.

Après la finale, c'était l'apothéose de notre aventure ! L'allégresse envahissant Saint-Denis ; chants et danses contagieuses imprégnaient chaque ruelle... Ces moments sont gravés dans ma mémoire comme autant d'instantanés précieux. Le retour chez moi a été épique : se frayer un chemin à travers une foule euphorique bien qu'un brin chaotique reflétait bien l'état d'esprit général.

En définitive... cet épisode est entré dans l'histoire non seulement de notre ville, mais aussi dans celle personnelle – malgré quelques péripéties – illustrant ainsi toute la complexité logistique inhérente au retour chez soi après avoir célébré ensemble.

Pour les commerçants et les artisans, le succès a été au rendez-vous ; toutefois est arrivée ensuite une phase exigeante : les trois mois durant lesquels il fallut justifier comptes et factures au ministère. Aucun écueil n'a été rencontré et quelques mois plus tard... surprise ! Le ministère m'a contactée pour m'informer d'une distinction honorifique attribuée sur le contingent de Lionel Jospin, Premier ministre à l'époque : l'Ordre du Mérite. Et cette distinction était autrement plus significative à cette époque qu'aujourd'hui.

À mon sens (et cela mérite réflexion), l'ordre du Mérite devrait en effet saluer des contributions significatives plutôt qu'être simplement un hochet échangé entre amis. Il est déplorable que cette distinction autrefois valorisée soit aujourd'hui distribuée sans grand discernement – souvent indifférente au véritable engagement des personnes honorées. Il serait judicieux qu'il ne soit exclusivement réservé à ceux ayant concrètement œuvré pour le bien-être social ; contrairement à la Légion d'honneur dont le spectre est plus large... Et puis il y a ce fait troublant : chaque ministre dispose d'un quota permettant d'accorder ces distinctions selon son bon vouloir bien souvent électoraliste – pratique pouvant nourrir certaines frustrations populaires et expliquant aussi pourquoi certains se tournent vers des idées extrêmes lorsqu'ils observent cette inflation honorifique non justifiée, sinon pour remercier des amis du ministre et de la ministre.

Dans le milieu associatif, on agit non pas pour glaner des médailles, mais animés seulement par une sincère volonté d'œuvrer bénévolement pour le bien commun. Tel devrait être le leitmotiv des politiques également…

Lors de cette remise de distinction au ministère du commerce, qui à l'époque se situait rue de Lille paris 7 (sous l'égide de la ministre Marylise Lebranchu), les délégués associatifs, venus des 9 villes concernées – y compris Bordeaux – représentaient fièrement leurs collectivités. Ils étaient accompagnés par une pléiade d'élus locaux et de divers intervenants qui, tous ensemble, ont rehaussé l'éclat de cet événement. Dans cette assemblée où se mêlaient personnalités et citoyens engagés, ma famille n'était pas en reste : ma fille ; ma sœur ; mon beau-frère ; mon neveu ; mes nièces ainsi que leurs moitiés. Tous avaient tenu à être là. Quant au discours prononcé par Madame Lebranchu... Un modèle d'éloquence ! Chaque mot semblait choisi avec soin pour sa justesse et sa portée. Ce discours demeure gravé dans ma mémoire. Un des grands moments de ma vie, amplifié par le partage de la joie avec les miens…

Madame Lebranchu m'avait promis une médaille en chocolat, et j'ai finalement obtenu bien plus que cela.

Un grand Merci à tous les présidents et membres des associations des Commerçants et Artisans de Nantes, Marseille, Lyon, Montpellier, Paris, Saint-Denis, Bordeaux, Lens, Saint-Étienne. Nous avons fédéré ensemble 150 000 commerçants et Artisans. La France et les Français sont incroyables... Nous avons retrouvé la même ferveur, le même enthousiasme et la même joie de vivre pendant les Jeux olympiques 2024. Merci à eux et surtout aux athlètes de tous les continents. VIVE LE SPORT !

Partie 3 : Les Grandes Gueules, une expérience inoubliable et formatrice

1. Faire entendre ma voix

En 2001, le responsable socialiste de la ville, Georges Sali, et Farid Ouallouche m'ont proposé une place sur leur liste des prochaines municipales, afin de représenter les commerçants et artisans au conseil municipal. Après quelques jours de réflexion et une tonne de questions auxquelles ils ont dû répondre, j'ai accepté.

J'étais novice. Bien sûr, j'avais toujours voté, mais j'ignorais les méandres et les fusions entre partis. Pour moi, j'étais sur une liste socialiste, et il me paraissait normal d'adhérer à ce parti que je m'apprêtais à faire mien comme j'avais fait mien le maillot de mon club en son temps.

Première campagne électorale, première désillusion. La liste était affiliée à celle des communistes. Moi, sur la même liste que le parti que je combattais depuis des années ! La liste étant déposée en préfecture, je ne pouvais plus revenir en arrière.

Une fois élue, la désillusion a été encore plus cruelle. Dès le premier conseil municipal, après l'élection du maire et de ses adjoints, le groupe socialiste m'a, lors de la préparation du conseil, chargée de présenter un des points de l'ordre du jour. J'avais très soigneusement préparé mon intervention en transmettant les consignes du groupe.

Une fois installée à mon pupitre dans la salle du conseil, Georges m'a fait signe de venir chercher une enveloppe. À l'intérieur se trouvait le laïus que je devais lire « et rien d'autre » m'a-t-il précisé en m'informant que, s'ils avaient des questions, c'était lui et lui seul qui y répondrait. Stupéfaction. Quel mépris ! Notre collaboration débutait très mal. J'ai immédiatement compris que seul mon titre de présidente des commerçants et artisans l'intéressait. J'ai tenu six mois et j'ai démissionné du parti socialiste tout en gardant bien sûr mon poste d'élue. Je suis restée une petite année sans étiquette politique et dans l'opposition de la liste socialo-communiste.

Je me suis alors intéressée de plus en plus à la politique. Les idées et la personnalité de l'époque de François Bayrou me séduisaient tout particulièrement. De plus, le responsable de L'UDF de la ville, Philippe Borderie, était un homme extrêmement sympathique, expérimenté et toujours disponible. Son accent du midi le rendait très jovial. Fin 2002, j'ai donc adhéré à l'UDF. J'ai appris beaucoup, Philippe a été mon mentor ; je lui dois beaucoup. Nous étions une équipe soudée. Les adhérents étaient nombreux ; les débats entre nous, constructifs, respectueux ; les repas, animés, conviviaux ; et son épouse, Anne, était toujours de la fête avec nous. Je garde de cette période des souvenirs impérissables et des amis encore aujourd'hui toujours fidèles. Toujours soutenant mordicus les commerçants et artisans, je m'impliquais de plus en plus dans leur défense auprès des médias, comprenant l'importance vis à vis des politiques de l'image véhiculée par leurs actions. Beaucoup pensent que l'on peut tout faire si ça ne se sait pas, mais pour peu que presse, radios et télévisions soient informées, c'est marche arrière toute !

L'occasion de faire entendre ma voix m'a été donnée en 2005 par un projet de piétonnisation du centre-ville de Saint-Denis porté par la municipalité.

Le collectif des commerçants et artisans, soudés dans leur opposition, avait réclamé à plusieurs reprises un échange avec le maire pour partager leurs préoccupations et soumettre leurs propositions pour mieux gérer la période de travaux qui s'annonçait longue et complexe. Malgré leur insistance : silence de l'élu. Une indifférence d'autant plus pesante que les travaux avaient été lancés déjà trois semaines auparavant : l'introduction d'une rue en sens interdit par les autorités locales avait déjà eu des répercussions significatives sur l'activité commerciale : elle interdisait en effet l'accès au parking pour notre clientèle (un coup dur pour nos affaires).

Au vu de l'urgence de la situation, et face à ce mépris flagrant pour leurs intérêts vitaux, commerçants comme citoyens se sont unis autour d'une même cause : protester vigoureusement ! Nous avons appelé alors médias et sympathisants pour organiser une marche qui irait crescendo jusqu'à frapper aux portes mêmes de la mairie, afin d'y faire entendre raison face aux décisions prises sans aucune forme de consultation démocratique.

Notre procession s'est donc dirigée vers l'hôtel de ville : boulangers, bouchers, reconnaissables à leurs blouses immaculées, protestants de tout poil : la foule grossissait à chaque pas !

Les habitants se ralliaient spontanément à notre cause. Une petite prise de la Bastille !

Une amie s'est frayé un chemin jusqu'à moi pour m'annoncer (et quelle surprise !) qu'elle était en ligne avec « Les Grandes Gueules » sur RMC... Oui, en direct ! Elle a précisé : « ils veulent te parler, acceptes-tu ? » Sans hésiter, j'ai saisi cette opportunité pour exposer notre situation ; ils nous ont suivis par téléphone jusqu'à la mairie.

Quand nous sommes arrivés sur le parvis, les grilles étaient fermées, ce qui nous empêchait d'entrer, mais grâce à mon statut de conseillère municipale, j'ai pu ouvrir une entrée discrète aux participants.

Nous avons alors pris possession de la salle des mariages au premier étage, déterminés à y rester jusqu'à ce que le maire vienne à notre rencontre ! Forcément assez médiatique…

Une heure et demie plus tard, le maire, Mr Paillard, a fait irruption. D'un échange finalement constructif est née la décision : le sens interdit serait supprimé dès l'aube suivante. Merci la radio !

Cet événement a naturellement éveillé mon intérêt pour « Les Grandes Gueules », que je me suis mise à suivre régulièrement.

En 2001, nouveau tournant décisif : lors de travaux de rénovation d'un placard de mon salon de toilettage, un incident s'est produit : une lame de scie a entaillé sévèrement l'un des doigts de ma main droite. Cet accident du travail m'a imposé un arrêt prolongé. Parallèlement à cette mésaventure, le terme pour renouveler le bail commercial de mon local se profilait à l'horizon et, dans ce contexte délicat, la propriétaire envisageait la vente du bien que j'exploitais.

Ces événements ont précipité la fermeture de mon salon de toilettage. Cependant, animée par une volonté infaillible de rebondir, je me suis aventurée dans le commerce de lingerie fine à Saint-Denis, qui ne nécessitait pas autant de manipulation que le toilettage. J'ai déniché un emplacement idéal au sein d'une galerie marchande et y ai inauguré une boutique offrant des pièces raffinées pour femmes et homme – avec en vitrine des marques telles que Lise Charmel. Juste deux ans plus tard, les circonstances m'ont contrainte à déposer le bilan, jusqu'à même devoir vendre ma propre maison en adjudication. Le magasin n'avait pas su attirer suffisamment de clients ; le pouvoir d'achat limité en était la cause principale bien sûr, mais aussi paradoxalement l'absence concurrentielle à proximité... Pour captiver et fidéliser sa clientèle (notons-le), il est primordial qu'une ville dispose d'un minimum de trois ou quatre enseignes similaires afin d'offrir un éventail suffisant aux consommateurs, faute de quoi ils vont ailleurs. La qualité de la relation avec la clientèle reste un enjeu majeur ; la variété du pouvoir d'achat façonne directement le paysage commercial. Il est crucial de maintenir une harmonie, d'encourager la diversité et d'enrayer l'apparition des ghettos urbains. Cette hétérogénéité s'avère bénéfique pour tous – pour notre tissu social autant que pour notre économie locale – car les commerces qui voient le jour sont étroitement liés aux ressources financières des résidents.

Suite à la liquidation commerciale et à la vente immobilière, j'ai été allocataire du RSA, pendant quelques mois, tout en conservant ma présidence au sein du collectif de commerçants, mais plus celle de la maison du commerce.

Devenue députée, j'ai toujours gardé à cœur cette période de ma vie. Il est indispensable, je le pense fermement, qu'un élu ait vécu ce que vivent ses électeurs. L'Assemblée nationale doit être le creuset de ces richesses de vie et, la Loi, l'émanation de ces différences qui rassemblent une Nation.

Une fois la difficile page de la liquidation tournée, et grâce à la bienveillance du futur député Stéphane Peu, alors adjoint au maire chargé du logement, qui m'avait aidé à trouver un logement HLM à 150 m du stade de France, j'ai repris l'exercice du toilettage canin. Tout en toilettant, je pouvais écouter davantage la radio. Dans ce cadre, j'ai développé une préférence pour les ondes de RMC, où je portais une attention particulière aux émissions présentées par Jean-Jacques Bourdin. Souvent en désaccord avec ses opinions (ce qui m'incitait vivement à réagir), je n'ai pas immédiatement saisi le téléphone... Toutefois, cette habitude a fini par s'enraciner. Mes interventions régulières ont fini par capturer l'intérêt de l'animateur qui – un jour – m'a demandé : « Pourriez-vous transmettre vos coordonnées à notre équipe ? Les Grandes Gueules aimeraient vous contacter ».

Peu après cet échange, ils ont pris contact avec moi pour me proposer une participation à leur matinale ; celle-ci n'était alors pas diffusée sur les ondes télévisuelles. J'ai accueilli cette invitation avec enthousiasme et, une fois sur place, j'ai fait la rencontre d'Alain Marschall et d'Olivier Truchot, mais aussi de Jacques Maillot, homme humain et bienveillant.

La première émission s'est déroulée sans accroc et a été suivie d'une proposition inattendue : celle de revenir la semaine suivante. Après plusieurs apparitions réussies (et fort appréciées), on m'a invitée à célébrer l'anniversaire de l'émission dans un théâtre parisien devant un public conquis. C'est Jacques Maillot lui-même qui m'a conseillée alors (dans un murmure presque confidentiel) : « Tu devrais te renseigner sur le statut contractuel... Les intervenants réguliers sont rémunérés, ici ».

Grâce aux conseils avisés de Jacques, et portée par une période propice aux changements positifs, j'ai intégré officiellement « Les Grandes Gueules ». J'ai trouvé ma place au sein du groupe et j'ai commencé dès lors à percevoir une rémunération pour mes contributions régulières.

Pour chaque intervention radiophonique, un tarif fixe était établi. J'ai donc créé mon autoentreprise pour pouvoir les facturer. Ce mode de rémunération a alimenté mes économies, que j'ai ensuite investies avec discernement. Des sommes épargnées dans l'optique d'acquérir un pavillon et de gagner en indépendance résidentielle...

Pendant des années, j'ai suivi cette ligne financière, capitalisant les profits liés à mes partenariats avec les Grandes

Gueules. Lorsque ma fille a pris la route pour la Normandie, je l'ai accompagnée, abandonnant alors mon activité de toilettage.

J'ai donc mobilisé mes économies pour dénicher une maison, près de son nouveau foyer. Malgré quelques kilomètres nous séparant... un véritable coup de cœur pour une propriété m'a poussée à agir avec une célérité inhabituelle.

Trois mois après mon installation en terres normandes, j'ai vu naître mon petit-fils Mylan à Vernon. Parallèlement (et heureusement), les revenus issus des émissions radiophoniques continuaient d'affluer, et cela pendant 13 ans : deux fois par semaine régulièrement... parfois trois lors des congés scolaires. Ces moments ont été l'occasion de rencontres inattendues, incroyables et variées avec d'éminentes personnalités politiques et autres.

Un événement a particulièrement retenu mon attention : l'occupation d'un gymnase à Cachant par des sans-papiers – après leur départ forcé du campus de Nanterre – faisait grand bruit dans les médias ; certains entamaient même une grève de la faim. Un matin, sous le ministère Sarkozy (Intérieur) et la présidence Chirac, Danielle Mitterrand lançait un appel... La régularisation des grévistes était son cheval de bataille ! Sur les ondes, j'ai attaqué l'action de l'ex première dame – surtout venant d'une figure emblématique telle que Mme Mitterrand qui savait bien que les chances d'aboutir étaient nulles.

C'est alors qu'en plein direct (et entre deux coupures publicitaires), un producteur m'a annoncé que Mme Mitterrand avait suivi l'émission et désirait me parler ; il m'a tendu son numéro...

Au téléphone, une proposition pour le moins inattendue m'a été faite : elle souhaitait venir me chercher à 13 h pour aller rencontrer les sans-papiers. Après avoir surmonté mes hésitations, la persuasion de mon interlocutrice a eu raison de mes réserves.

J'ai toutefois posé une condition : je refusais qu'on m'associe à leur cause par le simple geste d'accueillir une rose blanche – symbole de solidarité offert aux soutiens. Mon but était de rencontrer les grévistes de la faim afin de saisir leur réalité...

Mme Mitterrand a respecté ma demande. Il était crucial pour moi d'éviter toute image du voyeur indifférent face au malheur d'autrui ; j'allais là-bas pour écouter, dialoguer et comprendre – rien d'autre.

Post-émission radio, la curiosité animait mes collègues concernant le dénouement de cette visite impromptue. En sortant des studios, j'ai été accueillie par un véhicule modeste où Madame Mitterrand m'attendait déjà. L'exiguïté du lieu a favorisé notre échange ; pendant le trajet, elle m'a confié son engagement fervent envers la cause hydrique en Afrique.

Sur les lieux, nous avons été guidés vers une salle où s'étendaient des grévistes sur des matelas. Quelques-uns étaient si affaiblis qu'ils ne pouvaient parler... tandis que d'autres étaient prêts à témoigner. S'asseyant sans façon au sol, Madame Mitterrand s'est jointe à eux et nous avons discuté pendant plus d'une heure.

Cette conversation a été un véritable éveil : loin des clichés habituels, ces personnes sans papiers, tous des hommes, avaient des compétences notables et aspiraient simplement à apporter leur pierre à l'édifice social. Cette révélation a transformé ma perception et enrichi ma compréhension humaine profondément...

Madame Mitterrand, malgré son âge déjà avancé, m'a également marquée par sa capacité à s'asseoir à même le sol durant une heure et demie, argumentant et détaillant avec ardeur les nécessités de la situation. Il est indéniable que certaines des personnes présentes méritaient sans conteste leur régularisation. La complexité des circonstances individuelles rendait difficile la pleine appréhension de leurs besoins et des enjeux. Ignorant leurs histoires personnelles, je me trouvais face à des cas particuliers qui suscitaient un désir spontané d'assistance.

Face à ces individus qui nous confiaient leurs récits, l'ampleur du groupe posait un défi certain. Ce n'est pas chose aisée de s'engager dans une telle situation, mais l'expérience a été enrichissante. Madame Mitterrand m'a par la suite fait part de ses réflexions, et j'ai pris conscience d'une réalité que je connaissais, certes, mais pas avec une telle intensité.

Le lundi suivant, reprenant l'antenne, j'ai partagé mon expérience, émue par ces rencontres. J'ai insisté sur l'importance de la santé des grévistes de la faim, leur conseillant prudence pour préserver leur avenir et celui de leurs familles. Le combat devait se poursuivre, mais pas au détriment de leur santé.

Durant l'émission, nous avons appris que les hospitalisations suite à la grève de la faim avaient conduit à l'obtention des papiers tant espérés. Bien que je ne prétende pas que notre intervention en soit la cause directe, la médiatisation accrue et différente de l'événement a certainement joué un rôle. Cette expérience demeure la plus marquante et significative de ma carrière, bien que j'en aie vécu beaucoup d'autres fort passionnantes et touchantes.

Les émissions de radio de cette époque étaient empreintes d'une intensité particulière. Les échanges, parfois houleux, se faisaient toujours dans le respect, la spontanéité est un atout majeur de la radio !

Parmi nous, Bernard Debré se distinguait en colportant les ragots de l'Assemblée.

Les discussions avec Étienne Liebig, l'éducateur du 93, étaient souvent vives, sa tolérance envers les adolescents me semblant parfois excessive.

Pascal Perri, économiste que j'apprécie tout particulièrement en tant qu'homme calme et toujours respectueux, apportait un éclairage pondéré.

Ces débats enrichissants et salvateurs me ravissaient.

Heureusement qu'Alain et Olivier tenaient tout ce petit monde d'une main de fer et fort professionnelle, leur rôle était capital pour lancer les sujets et gérer nos interventions.

Nous avons également accueilli des personnalités diverses. Gilbert Collard, un avocat renommé, et respecté avant son engagement au Front national. Toutes ces figures, pour la plupart politiques, contribuaient à l'atmosphère unique de nos échanges, nous faisant découvrir des aspects insoupçonnés de la politique et de la société au travers de leurs expériences.

Ces moments autour de la table, souvent exubérants, restent gravés dans ma mémoire. Ils témoignent d'une période radiophonique exceptionnelle, marquée par la présence de ces personnalités hors du commun.

Lors de ma révélation dans l'émission de l'engagement communiste de ma mère et son appartenance à la CGT, Gilbert Collard est parti dans des tirades sur mes origines prolétaires dans des envolées lyriques. Il a, à de nombreuses reprises, réitéré ces saillies verbales qui faisaient rire toute l'équipe et moi au premier chef ! Des grands moments de radio !

Les débats s'enflammaient régulièrement ; cependant, ils ne franchissaient jamais le seuil critique de l'offense – bien qu'ils s'en approchassent parfois dangereusement. Ces joutes verbales, chargées d'une intensité singulière, nous donnaient parfois l'impression d'évoluer hors du temps... Des instants incontestablement marquants.

La préparation des émissions exigeait une discipline stricte : les thèmes à traiter nous étaient communiqués la veille au soir pour que nous puissions les étudier (nous y consacrions du temps et de l'énergie). Pourtant, il arrivait régulièrement que, le matin même, surprise : les sujets avaient changé... Nous devions alors faire preuve d'improvisation.

Sur les chaînes d'information en continu – où les nouvelles courent sans cesse – rester informée était mon impératif ; même au risque parfois d'une certaine saturation.

L'humour ? Notre bouée de sauvetage ! Il allégeait les tensions... Après chaque émission, nous tournions la page des débats sans en discuter plus avant. Une fois le direct terminé, chacun reprenait le fil de ses activités personnelles.

Avec le temps... Certains collègues sont devenus plus que des connaissances : une véritable complicité s'est tissée grâce à une ambiance chaleureuse entretenue par nos réalisateurs et toute l'équipe technique.

Dix ans après mes débuts – nous quittions le studio radiophonique pour un studio télévisé, toujours en direct – l'ambiance a changé. Nous devions avant chaque émission passer voir les maquilleuses, nous tenir bien droits juchés sur des chaises très hautes et inconfortables. Plus possible de se tirer la langue, de mimer, de faire de grands gestes qui faisaient toute l'ambiance, le dynamisme mais aussi la singularité de l'émission. La télé rend les choses plus policées et donc certainement moins spontanées. Elle permet en même temps de toucher un plus grand auditoire et donc de diffuser plus largement les messages, c'est somme toute différent mais complémentaire, l'essentiel étant de ne pas perdre l'âme originelle de la radio. Cette tranche professionnelle a été dense : réveils aux aurores et navettes incessantes depuis la Normandie ont rythmé mon quotidien.

Les liens perdurent encore aujourd'hui avec Alain Olivier et de nombreuses Grandes Gueules, jamais je n'aurais imaginé dans mes rêves les plus fous devenir chroniqueuse dans une émission médiatique, et encore moins dans celle-ci, si particulière et formatrice, et ce durant 13 ans et 5 mois.

En définitive ? Un parcours professionnel enrichissant jalonné d'inoubliables moments précieux...

2. *En Marche*, l'histoire de mon adhésion à ce parti politique singulier

À l'époque où Emmanuel Macron officiait en tant que ministre des Finances, je ne lui portais guère d'estime – bien au contraire. Mon hostilité à son égard était manifeste, et je ne manquais pas de la faire savoir lors de mes interventions dans les Grandes Gueules, particulièrement après ses remarques sur les ouvrières qu'il qualifiait « d'illettrées », des mots qui avaient suscité une onde de choc. Loin de lui apporter mon soutien, j'étais alors également loin d'imaginer que mon jugement puisse être entaché d'erreur. Ma critique à son encontre a été constante et soutenue pendant de nombreux mois sur les ondes.

Le temps passant, il est devenu évident qu'il aspirait à la présidence... Malgré cela, je suis restée fidèle à ma position critique. Mon ami Patrick Toulmet, auditeur fidèle des Grandes Gueules et président de la chambre des métiers de Seine Saint-Denis, ayant eu de nombreuses occasions de fréquenter notre ministre, tentait régulièrement de me convaincre du potentiel caché derrière l'homme politique controversé. En dépit de ses fonctions importantes auprès des artisans et de ses interactions fréquentes avec le ministère des Finances, ma méfiance persistait. Même après mes piques lancées sur les ondes contre « son cher Emmanuel », Patrick insistait pour me révéler un autre visage du futur candidat – un visage que je refusais obstinément d'envisager... Je lui rétorquais systématiquement qu'il prenait des risques inconsidérés en le soutenant et qu'il risquait de perdre les futures élections consulaires, ainsi que la présidence de la chambre des Métiers. Ses réponses étaient toujours les mêmes : « tu verras, telle que je te connais, quand je te le présenterai, tu changeras d'avis ».

Lorsqu'est venu le moment pour M. Macron d'inaugurer sa campagne à Amiens – sa ville natale – c'est là que Patrick s'y est officiellement rallié en tant que membre fondateur du mouvement En Marche ; il m'a exhortée à faire de même... J'ai décliné sans ambages cette invitation.

Cependant, quelque temps plus tard, lors de son premier meeting organisé à la Maison de la Mutualité le 17 juillet 2016, sur insistance pressante de Patrick ; j'y ai assisté accompagnée par deux comparses : nous nous sommes installés non loin du podium dans une salle comble méticuleusement organisée pour offrir une vue imprenable à tous.

La rencontre rassemblait de nombreuses personnalités politiques influentes – surtout des figures socialistes – ainsi que Madame Macron qui se tenait non loin de moi... Alors qu'il prenait part aux échanges sur scène, Emmanuel a donné le micro à Patrick, lui aussi installé sur la scène. Sa première phrase a été : « je tiens à remercier Claire O'Petit des Grandes Gueules, que tout le monde connaît, d'être présente parmi nous ce soir » – ce qui a provoqué le rire du principal intéressé et futur président, comme les applaudissements bienveillants des participants ; situation dans laquelle je me suis sentie singulièrement mal à l'aise.

Immédiatement, une femme s'est empressée vers moi dans l'allée et s'est présentée tout en s'accroupissant : c'était Brigitte Macron, qui a exprimé avec ferveur son admiration et sa joie sincère quant à cette rencontre impromptue...

Elle m'a confié qu'elle ne manquait jamais notre émission, l'écoutant souvent en podcast tout en s'occupant de sa correspondance. Elle a également exprimé son estime pour mon travail. Pendant ce temps, dans la salle, Emmanuel et Patrick, accompagnés des autres collègues, nous décochaient des sourires malicieux.

Après chaque meeting, certains invités avaient le privilège de se retrouver dans un salon privé pour un moment de convivialité.

Elle m'a vivement incitée à me joindre à eux pour prolonger notre échange.

À la fin de l'événement, accompagnée de mes amis, je me suis retrouvée parmi les jeunes partisans et Emmanuel Macron. Celui-ci s'est approché pour me saluer et s'est prêté au jeu lorsque je l'ai invité à participer aux « Grandes Gueules ». Il a accepté avec humour. Il n'a pas honoré les Grandes Gueules de sa présence depuis.

Je me suis longuement entretenue avec Brigitte pendant cette soirée, Emmanuel venant régulièrement se joindre à notre conversation. Puis, avec un très grand sourire, elle m'a exprimé son souhait d'obtenir un t-shirt de l'émission. Je lui ai assuré qu'elle l'aurait.

Le lundi suivant, j'ai partagé cette anecdote avec l'équipe de l'émission, et en quelques minutes, un t-shirt a été réquisitionné pour elle.

Depuis quelques semaines, j'avais obtenu un contrat pour travailler avec les organisateurs des futurs Jeux olympiques afin de fédérer les commerçants.

À l'occasion d'une réunion programmée de longue date à Bercy dont l'objectif principal était de sécuriser des financements et de rassembler des soutiens pour notre initiative, j'ai saisi l'opportunité de déposer un t-shirt, empaqueté avec soin et accompagné de ma carte professionnelle, destiné à Madame Macron. La consigne explicite de le lui transmettre a été donnée, et l'assurance de l'exécution de cette demande m'a été confirmée.

Peu après, Madame Macron m'a contactée pour me remercier. Dès lors, notre communication est devenue fréquente. Sans prétendre être devenue son amie, au gré de nos conversations, une complicité sincère a pris forme. Nos échanges, chaleureux et conviviaux, se sont ponctués d'anecdotes et de confidences... Ces dernières, qu'elle m'a confiées en toute confiance (et dont je suis honorée), seront préservées dans le respect de la discrétion la plus stricte : leur confidentialité est – et restera – assurée.

Peu à peu, j'ai fait la connaissance de M Macron et ai appris à l'apprécier, malgré ses défauts qui, je crois, se répercutent actuellement dans sa gouvernance. Néanmoins, il possède des qualités indéniables. Contrairement aux perceptions courantes, il apprécie sincèrement les gens. Il n'est pas tant intéressé par ceux qui lui sont entièrement acquis, mais il est fasciné par ceux qui s'opposent à lui : il adore convaincre. Il ne vous laisse pas tant qu'il ne vous a pas convaincu et, s'il échoue, il s'éloigne d'un air bougon, mais toujours se retourne vers vous et vous fait un grand sourire ou un clin d'œil. Avec moi, il terminait par « mais tu es députée quand même » toujours avec le même sourire. Il est également vrai qu'il est tactile et ne se sent à l'aise dans la conversation qu'en établissant un contact physique par exemple en vous prenant la main.

Il m'a souvent confrontée, même à l'Élysée, lorsque je prenais le micro pour exprimer mon désaccord. Il préfère le débat, la nécessité de convaincre. Il n'apprécie pas de ne pas réussir à persuader son interlocuteur.

Cependant, il est toujours agréable pour lui d'entendre les compliments, même s'ils n'offrent pas le même intérêt qu'un véritable échange.

Il semble avoir changé aujourd'hui, mais c'est ainsi que je l'ai connu.

Je reste toujours à ce jour en contact avec lui, grâce à la boucle Telegram. Il lit systématiquement mes messages et, quelquefois, me répond ou m'interroge.

J'ai également maintenu le contact avec Madame Macron jusqu'à ce que notre relation évolue et que je commence à l'appeler par son prénom, Brigitte. Dès cet instant, la complicité indéniable entre nous s'est intensifiée, notamment à travers de fréquents échanges téléphoniques. Lors d'un appel, je lui ai demandé si nous pouvions nous tutoyer, immédiatement elle m'a avoué être soulagée, me vouvoyer l'agaçait.

Ma décision de rejoindre En Marche amène à explications. J'avais quitté le Modem. L'événement décisif s'est produit lors d'un conseil national en juillet. Les réunions se déroulaient normalement bien, avec des interventions de François Bayrou et des échanges avec la centaine de conseillers nationaux présents.

Cependant, après le départ anticipé de François Bayrou pour un mariage, à la fin d'une réunion dans la cour en privé, j'ai interrogé Marc Fesneau, alors secrétaire général du parti, et sa réponse ne m'a pas convenu. Mon mécontentement était tel que j'ai annoncé ma démission à haute voix devant tous les membres présents. Cette décision, prise sur le vif, m'a procuré un sentiment de libération intense en quittant le siège. Je dois reconnaître que depuis quelque temps déjà je ne me sentais plus en accord avec la nouvelle direction. La nécessité d'une réforme organisationnelle était évidente, et face à des promesses non tenues et à un manque d'écoute de la part des élites du parti, ma résolution de partir s'est affirmée.

En ma qualité de membre de l'opposition à Saint-Denis, j'avais dû relever des défis majeurs. La décision de me retirer n'a pas été prise à la légère : elle était le fruit d'une réflexion poussée face à une situation devenue insoutenable... En dépit des circonstances, j'ai choisi de ne pas divulguer publiquement les raisons précises qui ont motivé mon départ, optant pour une discrétion quant aux divergences qui nous ont séparés.

Dans cette optique, j'ai pris la liberté d'envoyer un SMS à François afin de le tenir informé. Il m'a assuré que Marc prendrait contact avec moi dès le lendemain ; promesse qui n'a jamais été honorée...

Parallèlement (et non sans curiosité), je me suis penchée sur un phénomène émergent : la cigarette électronique. Après chaque émission, j'empruntais l'avenue de la Grande Armée pour rentrer en Normandie, où se trouvait un magasin qui les vendait ; et à chaque fois j'observais qu'une file d'attente s'étirait pour y entrer – j'ai contacté un ami actif commercialement et lui ai soumis l'idée novatrice de se positionner sur le marché florissant des cigarettes électroniques. Après lui avoir transmis une photographie témoignant du succès commercial du magasin, nous avons ainsi entamé notre collaboration en tant que grossistes pendant deux ans, et les affaires étaient très satisfaisantes. Entreprendre et avancer. Toujours. Ne jamais se fixer de barrière, c'est la seule façon d'exister et d'avancer dans la vie.

Cette période sans affiliation partisane m'a permis une introspection bénéfique et m'a offert l'occasion de renouer avec Morin, connu du temps de L'UDF – président régional et homme intègre – bien que nos échanges n'aient pas conduit à une collaboration tangible. Ce qui a fait que je n'étais plus en politique quand Patrick Toulmet, ami fidèle et conseiller avisé, n'a cessé d'appuyer les qualités d'Emmanuel Macron.

Il faut rappeler aussi l'historique de mon histoire avec le MoDem. Lors du duel du 2e tour de la présidentielle en 2007, Royal-Sarkozy, François Bayrou était arrivé 3e avec 18,57 % des voix. Après une concertation nocturne avec les députés UDF, ils avaient tous convenu qu'ils ne soutiendraient aucun prétendant lors du deuxième tour... Par contre, ils avaient acté le fait que François débatte avec Ségolène sur une chaîne télévisée avant le deuxième tour.

Le lendemain matin de cette réunion, François devait intervenir sur RTL en direct. Quelques minutes auparavant, il avait appris que le débat télévisé qu'il devait mener avec

Ségolène était annulé suite à une intervention de Nicolas Sarkozy. Il était furieux. François Bayrou, réputé pour son caractère bien trempé, avait choisi de participer malgré sa colère à l'émission de la matinale sur RTL. Face au journaliste, quand celui-ci lui avait demandé s'il allait appeler à voter pour Sarkozy, au lieu de n'affirmer aucun soutien, ni à l'une ni à l'autre, il avait exprimé catégoriquement son refus d'apporter son soutien à Sarkozy ou de voter pour lui. Cette prise de position avait fait l'effet d'une véritable bombe politique.

Jean-Christophe Lagarde, alors président UDF du 93, le soir même, avait convoqué par message les élus UDF du département à Drancy (une rencontre capitale) : là-bas, il nous avait expliqué le déroulé des dernières heures suite à l'annonce de Bayrou, et nous avait annoncé avec amertume que lui et la majorité des députés démissionnaient de l'UDF pour créer une nouvelle entité politique. L'acte fondateur du MoDem s'était tenu lors d'un grand rassemblement à la Mutualité parisienne quelques jours plus tard, les députés y avaient confirmé leur départ et s'en était suivie la fin de l'UDF.

Avec l'avènement de la présidence Sarkozy et des législatives qui pointaient à l'horizon... Il était impératif de se mobiliser : chaque voix recueillie au premier tour représentait en effet un soutien financier vital pour nos structures politiques – sans oublier les primes allouées selon le nombre de sièges remportés.

En dépit des turbulences post-rupture avec l'UDF, on m'avait sollicitée pour briguer un siège lors des législatives dans L'Eure, mon nouveau département, alors que je ne connaissais pratiquement personne. Aux vues des circonstances, nous étions tous réticents à nous lancer dans cette campagne ; pour nous convaincre, le siège nous avait promis de nous rembourser si nous venions à ne pas atteindre les 5 %. La campagne s'était avérée éprouvante : accueil tiède... ressources amoindries... À terme, n'ayant pas franchi la barre des 5 % nécessaires au remboursement électoral comme les 4 autres candidats du département 27 et la majorité de ceux du territoire, notre parti s'était retrouvé dans une précarité financière alarmante. François Bayrou avait été contraint de louer notre siège à une entreprise d'audit afin d'honorer les dettes – un long processus pour régler les engagements envers imprimeurs et créanciers divers. Les conséquences de toutes ces péripéties avaient été la naissance du MoDem et de l'UDI.

Il est essentiel de revenir sur ce point, car il touche à des éléments cruciaux de l'histoire et de mon histoire. Après une longue carrière politique, où l'on a œuvré au bénéfice de nombreuses personnes, il est parfois réconfortant de prendre ses distances, même si l'engagement politique vous manque rapidement.

Donc, lorsque Brigitte m'a encouragée à assister à un autre meeting, m'invitant à passer de l'autre côté de la barrière, là où se tenait un cercle restreint autour d'Emmanuel Macron, cela a renforcé mon intérêt.

Cet homme, qui semblait si confiant, m'a interrogée après son discours sur mes impressions. Il y avait une connexion réelle, une interaction humaine qui se tissait lorsqu'il vous regardait dans les yeux, vous serrait la main avec sincérité tout en vous interrogeant. C'est un homme qui aime réellement les gens, malgré ce que certains peuvent dire. Son tempérament parfois direct peut choquer, mais c'est dans sa nature.

En découvrant cette personnalité et en interagissant plus fréquemment, je me suis lancée. Il y avait là une opportunité, et en plus, il avait de bonnes chances de l'emporter. J'ai donc adhéré et fait campagne.

Toutefois, ma façon de faire de la politique a évolué avec le temps. Je reconnais que je n'ai pas pratiqué le porte-à-porte, car je ne souhaitais pas déranger les gens chez eux. Je comprends parfaitement que chacun ait ses propres méthodes ; moi, je préfère les contacts sur les marchés et foires.

Mon entrée en scène coïncide avec l'année pivot où il a annoncé sa candidature à la présidence du pays (lors d'un événement organisé au centre de formation dirigé par Patrick Toulmet). Son intention a été proclamée alors qu'il se trouvait dans un atelier mécanique.

Au sein de l'émission « Les Grandes Gueules », ma position m'offrait un rôle influent. Lors d'un échange avec Brigitte, j'ai exposé ma volonté de contribuer plus efficacement à la campagne. Je lui ai demandé s'il était possible de m'entretenir avec un responsable par téléphone le matin avant chaque émission, afin d'ajuster mes réponses lors des débats. Elle s'est montrée réceptive à mes propositions, comprenant l'importance de la synergie entre nos actions et les orientations médiatiques. Elle m'a alors fourni les coordonnées de Benjamin Griveaux et Julien Denormandie.

Ainsi, chaque matin, durant les mois de campagne, dans ma voiture pendant le trajet pour me rendre à Paris, je contactais l'un des deux conseillers pour m'informer et, le cas échéant, harmoniser les messages à véhiculer. Cette stratégie me permettait de disposer d'arguments inédits, propices à l'ouverture de débats pertinents. Ce rôle discret, mais essentiel, a renforcé ma relation avec la campagne présidentielle et, par extension, avec Brigitte Macron. Cette dernière m'a dit de la contacter sitôt que j'avais un message à faire passer au Président, ce que j'ai fait au cours des années suivantes, Brigitte ayant toujours assuré cette fonction de truchement avec une grande efficacité ; après chaque message transmis, elle m'écrivait « il l'a lu ».

Bien que mes interactions directes avec Emmanuel Macron soient limitées, nos chemins se croisaient lors des meetings. J'ai assisté à chacun d'eux – notamment ceux en Île-de-France et en Normandie – où, grâce à Brigitte, j'ai eu l'honneur d'intégrer des cercles intimistes. Patrick, lui aussi toujours présent, insistait auprès de lui pour qu'il me nomme référente En Marche du département, place qui m'aurait vraiment satisfaite, mais à chaque fois la réponse était la même : « tu m'es beaucoup plus utile dans les Grandes Gueules qu'à ce poste. » Il m'a tout de suite tutoyée ; moi jamais, je suis trop respectueuse des convenances.

Durant ces rassemblements, des échanges fructueux avec des personnalités influentes ponctuaient régulièrement nos discussions ; à cette époque mes expériences les intriguaient beaucoup.

C'est dans ces instants que j'ai pu apprécier l'ampleur de son engagement et la nécessité pour lui de recevoir des retours constructifs, même critiques, qu'il accueillait avec humilité.

3. Députée à l'Assemblée nationale...

L'élection m'avait à peine consacrée que j'ai fait appel à Fabrice et Jim pour les postes de collaborateurs parlementaires. Mon équipe, je l'ai souhaitée resserrée pour plus d'efficacité et de réactivité... de compétences aussi avec deux profils très opérationnels. Fabrice, avec son expérience de maire rural et ses connaissances nombreuses a été pour moi et les administrés d'une richesse incontestable ; Jim, lui, était un atout complémentaire avec sa connaissance fine du fonctionnement de l'Assemblée et son expérience passée auprès d'Eric Raoult. Nous formions une équipe soudée et fidèle.

Entre nous s'insufflait une ambiance chaleureuse et dynamique, nécessaire dans un monde qui ne s'arrête jamais et où la disponibilité doit être totale. Assistant parlementaire n'est pas une tâche facile ni de tout repos. Il faut oublier les horaires et les jours pour être, tout comme le parlementaire, au service absolu de l'assemblée et de la population.

Nous étions là, prêts à tourner la page vers un nouveau chapitre annonciateur de tensions croissantes.

Mon mandat quinquennal en tant que députée n'a en effet pas été une sinécure : j'ai dû faire face aux remous provoqués par certains élus et ministres locaux, par certains membres du parti... Mais c'est là l'essence même de la vie publique : un perpétuel ballet entre défis et accomplissements.

De plus, mon engagement politique m'avait amenée à l'Assemblée nationale, un univers à part jusqu'alors inconnu pour moi où le respect est omniprésent. On ne m'appelait plus par mon nom, mais « Madame la Députée ». Cette appellation ancre une transformation, et on perçoit qu'un changement s'opère en soi.

Ma première visite à l'Assemblée dès le lundi suivant de mon élection a marqué un instant de solennité. On m'a remis ma mallette, contenant mon écharpe tricolore, le macaron de voiture et divers objets indispensables à ma fonction. La photo officielle prise dans l'hémicycle a renforcé la prise de conscience de mes responsabilités et marqué le début de cette nouvelle aventure. J'étais députée, j'avais mon badge officiel. J'ai rencontré l'administration pour les formalités : déclaration des attachés parlementaires, obtention des badges, sécurisation du téléphone, choix des options pour la Sécurité sociale et la retraite. On m'a également demandé d'ouvrir un compte séparé pour les frais parlementaires.

À ce moment-là, je n'avais pas encore de bureau, les nouveaux élus étant contraints de patienter dans les couloirs avec leurs collaborateurs, l'ordinateur sur les genoux. Je n'ai ouvert ma mallette que le lendemain lors de l'émission en direct des Grandes Gueules : c'était ma première participation à une émission télévisée en tant que députée.

Quelques jours plus tard, nous nous sommes tous retrouvés à l'assemblée. Chaque groupe doit élire en son sein celui ou celle qui le représentera à l'élection de présidence de l'assemblée, ainsi que les membres du bureau. Sans avoir été préalablement informés des procédures, comme si nous étions déjà des habitués... Nous nous sommes retrouvés dans la salle des conférences, debouts, entassés. Nous devions nous faire entendre sans micro, parmi les deux cent quarante députés En Marche. C'était un moment singulier, où l'on s'attendait à ce que les nouveaux arrivants soient guidés, mais ça n'a pas été le cas.

On nous a demandé qui était candidat pour le poste, mais il était selon moi essentiel de reconnaître l'importance de ce rôle, les procédures...

Un ancien député écologiste, François de Rugy, a exprimé son intérêt à se porter candidat. Il s'est présenté spontanément, sans même y avoir préalablement songé ni avoir organisé de réunion préalable à sa décision. Il semble que même les membres les plus anciens n'avaient pas envisagé de répartir les rôles en amont. Chacun se demandait qui souhaitait occuper telle ou telle fonction.

Lorsqu'il a été question de désigner un président de groupe, un jeune homme s'est manifesté. Je l'ai interrogé, surprise, sur ses qualifications et motivations avant de prendre une telle décision. Il n'avait jamais fait de politique auparavant, ni incorporé d'association, et aspirait déjà à un rôle de premier plan. Il n'a pas été élu, heureusement...

Je n'ai personnellement postulé à aucun poste. En arrivant nouvellement élue, et pour la première fois à la députation, on manque évidemment de connaissance sur le fonctionnement interne.

Certains, avec Richard Ferrand, se sont enfermés dans une petite pièce pour débattre et décider avec qui et comment procéder.

L'approche initiale était loin d'être idéale, et je dois admettre que j'étais indignée par la manière dont les choses se sont déroulées.

Quelques jours plus tard, nous nous sommes réunis dans la grande salle. Il s'agissait alors de choisir les présidents des commissions. Chaque candidat disposait d'une minute pour se présenter, bien que nous ne connaissions pas la plupart d'entre eux.

Nous étions confortablement installés dans de beaux fauteuils rouges, tandis que certains cherchaient à influencer les votes en faveur de leurs connaissances. Il ne s'agissait pas de présider un club de loisirs local, mais bien d'organiser les débats afin de voter des lois au sein de commissions. Généralement, hélas les plus qualifiés ne sont pas toujours ceux qui se présentent... Heureusement, il y a des exceptions.

Contrairement à ce que l'on peut penser, le vrai travail du député ne se fait pas dans l'hémicycle. Tout y est déjà décidé et c'est plus ou moins un moment de spectacle officiel. L'élaboration de la Loi se fait avant tout dans les commissions, auprès des cabinets ministériels, parfois dans les couloirs même bien plus que lors des votes où le texte et les amendements sont déjà préparés et où il ne suffit que d'être un de plus que ceux d'en face. Et éventuellement pour certains ou certaines de faire leur promotion devant les écrans de télévision…

Ce choix des présidents était en réalité un moment clé pour lequel on ne nous avait absolument rien dit. Peut-être le raz-de-marée des législatives n'avait-il pas été anticipé, peut-être un manque d'information était-il préférable ? Je ne le saurai jamais.

Toujours est-il qu'en expliquant la situation à mes deux collaborateurs, ils ont été comme moi stupéfaits par le déroulement des événements et le manque d'anticipation des cadres de notre mouvement. Ce qui par la suite s'est avéré, hélas, récurrent chez certains, nous le payons et l'observons encore aujourd'hui.

Ce moment a cependant été pour moi l'occasion de faire une rencontre importante et privilégiée : un jeune homme se détachait du lot. Désigné Whip (personne chargée des relations entre la présidence et les députés) de ma commission, j'ai immédiatement apprécié son contact humain et sa bienveillance. Là où de nombreux jeunes macronistes jouaient de l'entre-soi, de l'élitisme et - disons-le - du mépris vis-à-vis des députés un peu différents ou plus âgés, il était au contraire souriant, abordable et très agréable avec chacune et chacun. J'ai immédiatement apprécié son empathie et la simplicité qui émanait de sa personne : Gabriel Attal, car c'est bien de lui qu'il s'agit évidemment. Pour un jeune homme de tout juste 28 ans, il avait déjà une très grande maturité et, surtout, ne paraissait pas être dans la démonstration ou le jeu de rôle comme d'autres. De ce jour est née une amitié et un respect mutuel qui perdure encore aujourd'hui.

Qui aurait pu imaginer alors que ce jeune homme si gentil serait promis à un destin national de premier plan et serait cinq ans plus tard un des meilleurs ministres de l'Éducation nationale, puis un brillant et respecté premier ministre !

Dans ce contexte singulier, j'ai travaillé avec mes attachés parlementaires, privilégiant d'abord la circonscription.

J'ai tout de suite pris mes fonctions, les mois de juin et juillet suivants en Normandie.

Fabrice était principalement actif sur le terrain, tandis que Jim m'accompagnait à l'Assemblée.

Dans le domaine politique, l'adoption d'une démarche pragmatique s'avère essentielle. En effet, la politique se traduit souvent par une quête du pouvoir... C'est ce que mon expérience m'a appris : les victoires et les défaites y sont déterminantes, et les rapports de force omniprésents. Il est certes crucial de respecter les chartes et d'accorder une place à l'opposition ; toutefois, il ne faut pas perdre de vue la nature même de la politique – un univers où le gain et la perte sont des issues inévitables. Cette réalité m'est devenue familière au fil du temps.

Dans la mesure où l'on ne peut pas tout faire si on veut faire bien, j'ai choisi de m'investir dans les sujets que je connaissais pour les avoir vécus.

L'enfance tout d'abord, avec ma PPL sur les modes de gardes et un gros travail auprès des associations et des collègues pour expliquer ce qu'est élever un enfant seule quand on travaille. De plus en plus de familles sont monoparentales et, même si le choix de sa vie privée relève de chacun, la société doit impérativement s'adapter à ce nouveau modèle non patriarcal. Comme je l'ai déjà dit, je ne suis pas féministe militante. Une femme doit faire sa place et être à l'égal de l'homme, ni plus ni moins. Mais l'enfant doit être protégé et ne doit pas subir les choix de vie de son père ou de sa mère. Il appartient à la société, à l'entreprise, de pouvoir faciliter sa garde et son éducation pour que son père ou sa mère ne soient pas enfermés dans un modèle conventionnel et soient, de fait, privés d'une légitime émancipation par le travail.

Autre sujet majeur pour moi, le bien-être animal. Je mange de la viande et me régale d'une côte de bœuf, mais je trouve inacceptables les conditions d'abattage et parfois d'élevage de ces pauvres bêtes. J'ai ainsi milité pour l'installation de caméras dans les abattoirs, l'interdiction de la tauromachie aux mineurs – à défaut de pouvoir l'interdire tout court, comment peut-on se réjouir de la mort d'un animal supplicié – car c'est par l'éducation et la transmission familiale que ces pratiques barbares se maintiennent. La chasse à courre est également un autre mode archaïque de plaisir qu'il m'est impossible de comprendre. Épuiser une pauvre bête qu'on ne consomme même pas, juste la faire souffrir et la tuer ? C'est effrayant. J'ai toujours été sensible à ce sujet à titre personnel. J'aime les animaux, de toute façon on ne peut pas devenir toiletteuse sans les aimer. À Saint-Denis, je me suis investie dans l'association l'école des chats, auprès de personnes merveilleuses qui recueillent et nourrissent les chats errants hélas trop nombreux. L'abandon est un scandale, et il est essentiel d'éveiller les consciences sur la nécessité de procéder à la stérilisation de ces animaux pour éviter des reproductions anarchiques. Outre des bêtes errantes, mal nourries et malheureuses en ville, la prolifération de félins en campagne fait des ravages chez les populations d'oiseaux et de jeunes animaux. À ce titre, l'obligation de déclaration, l'identification obligatoire et l'éducation à la détention constituent des moyens utiles, à défaut d'être parfaitement efficaces, de responsabiliser les propriétaires qui prennent parfois un jeune chiot ou chaton comme on prendrait un jouet. Tout être vivant doit être respecté et, accueillant moi-même à mon domicile nombre de chats abandonnés, je ne peux que constater l'état effrayant dans lequel je les retrouve parfois. Je tiens d'ailleurs à ce sujet à remercier très vivement et chaleureusement les associations de protection animale et leurs bénévoles qui œuvrent souvent dans la discrétion la plus complète pour recueillir, soigner, placer les chats et chiens abandonnés.

Je me suis également emparé de la question du non-cumul des mandats. Et cela m'a certainement porté préjudice, car j'attaquais là le pré carré des grands barons.

Aujourd'hui, on parle de la dette abyssale de la France et de l'état des comptes publics. On en rejette la faute sur l'État, son incurie et sa mauvaise gestion. Mais cela relève d'une vision bien trop simpliste et occulte la question de la gabegie faramineuse des collectivités locales. Si le maire rural ou le conseiller municipal sont effectivement les élus préférés des Français, et à juste titre, car ce sont pour la plupart des bénévoles, ou des personnes particulièrement peu indemnisées, qui laissent souvent une grande part de leurs indemnités pour leur petit village, d'autre cumulent au niveau local des fonctions exécutives au point de verrouiller la vie politique d'un territoire en devenant interlocuteur unique au niveau d'une ville, d'une agglomération et même d'un département. Combien de maires de villes moyennes sont en même temps président de la communauté de commune, d'agglomération, et vice-président de département ou même de région ? Sans compter les syndicats divers et varié d'électricité, d'eau, de déchets et j'en passe.

Ces élus arrivent pour certains au seuil de l'écrêtement, c'est à dire le niveau maximum des indemnités, une fois et demie la rémunération d'un député. Ils cumulent ainsi plusieurs fonctions indemnisées à plein temps.

L'indemnité d'un mandat correspond à un niveau de responsabilité, de compétences et de temps passé. Si vous multipliez les temps pleins (ce qui est interdit pour le salarié lambda, qui lui pourtant réalise bien le travail, sinon il ne serait pas payé) c'est que vous n'accomplissez pas toutes les tâches inhérentes à la fonction que vous êtes censé remplir. C'est ainsi que ces grands barons locaux se voient contraints d'embaucher des directeurs de cabinet, des collaborateurs politiques qui les suppléent quand ils vaquent à d'autres tâches ou inaugurent en grande pompe tel ou tel bâtiment.

En somme, on paye un salarié, non-fonctionnaire donc souvent copain perdant d'une élection de son parti politique pour faire le travail pour lequel on touche une indemnité. C'est moralement indéfendable, mais complètement banalisé et ancré dans la vie locale, à l'indifférence générale d'une population que les politiques laissent dans l'ignorance sur ce sujet.

Au-delà de l'aspect moral qui à lui seul justifie une éradication de ces pratiques, il y a derrière deux aspects économiques et politiques terribles.

Économique, car au-delà de la question de sommes indues au niveau des indemnités et des salaires aux copains, on assiste de ce fait à une inflation de la communication. Il faut impérativement faire la promo de l'élu, avec des chargés de communication et même de marketing au sein des collectivités. Les communautés de communes ou les agglomérations ont pour la plupart ce genre d'employés chargés de mettre en avant le maire ou le Président. Il faut inaugurer, se montrer, faire des événements sans cesse. De ce fait, les arbitrages ne se portent que sur ce qui est vraiment médiatique ; les routes, les handicapés, les personnes âgées, en fait tout ce qui intéresse vraiment la population dans son quotidien est laissé à l'écart. On délaisse les silencieux pour la chasse aux lumières. Et on doit laisser des plaques, avec son nom, son logo. C'est d'ailleurs une disposition stupide de la Loi engagement et proximité qui oblige les collectivités à apposer un panneau pérenne mentionnant le nom des financeurs pour toute opération supérieure à 10 000 euros. C'est-à-dire presque tous les jours. Si ce n'est pas respecté, la subvention peut être retirée. Autrement dit la pression politique exercée sur l'élu local. Cela traduit une méconnaissance complète des territoires où justement l'intérêt général prend le pas sur le politique. C'est pour cela que les maires des petits villages sont encore les élus préférés des Français.

Et c'est justement là l'écueil terrible de ces cumuls car, en normalisant et en concentrant le pouvoir politique local dans quelques mains, on renforce le copinage et surtout on empêche toute forme de réactivité et de capacité décisionnelle au plus près du terrain. Le maire doit impérativement contractualiser auprès des communautés de communes ou des départements, voire auprès d'agences de ruralités aux mains des barons pour les moindres travaux ou les moindres opérations. Plusieurs conséquences à cela : un surcoût évident lié souvent à l'obligation par les intermédiaires de recourir à des cabinets de conseil ou à des maîtres d'œuvre (des départements ont d'ailleurs pour certains intégré un service (payant) de conseil, et également un tri des projets en fonction des obédiences politiques de l'élu local et de sa proximité ou non avec le grand baron. Plus l'élu sera servile et courtisan, et plus grandes seront ses chances de voir ses projets communaux aboutir.

C'est pour cela qu'il faut ouvrir les fonctions électives au plus grand nombre, et interdire les cumuls. Quand on n'a qu'une seule tête, on a besoin que d'une casquette. Et celui qui en a plusieurs, non seulement ne peut en porter qu'une seule à la fois, mais il laisse plusieurs autres personnes avec la tête au soleil.

Ma proposition de loi n'a jamais été inscrite à l'ordre du jour de l'Assemblée, et pourtant c'était véritablement l'esprit de 2017 : casser les baronnies, ouvrir le débat politique au plus grand nombre.

La fermeture d'esprit d'Édouard Philippe à l'époque, bien aidé par Sébastien Lecornu qui s'était présenté comme une référence en matière d'élu local, avec seulement un an en tant que maire et pas davantage en tant que président départemental, a été prise, à raison je crois, comme une forme de mépris vis-à-vis d'une frange de la population qui avait vraiment cru à une évolution de la société.

Ajoutez-y les 80 kilomètres à l'heure et on a créé les gilets jaunes.

Ce phénomène, en tant que députée de terrain, je l'avais vu émerger. Chaque week-end en effet, je battais le pavé de la circonscription avec Fabrice sur les marchés, les foires à tout ; les événements divers. Et des gens de bon sens me mettaient en garde contre une politique qui n'était pas celle pour laquelle ils avaient voté, une politique qui ne prenait pas en compte les soucis de la ruralité : transport avec les taxes sur les carburants, accès aux soins et ces fameux 80 à l'heure.

Ce mouvement, très protéiforme, donnait une indication intéressante de la direction à suivre, mais, il faut le dire, a été complètement dévoyé par des individus violents et extrémistes qui n'avaient rien à voir avec les gens de bon sens à l'origine de sa naissance.

Cela a été une expérience assez violente et pourtant passionnante. J'ai tenu à recevoir des représentants de ces gilets jaunes, en groupe restreint, pour pouvoir écouter et échanger en toute franchise. Les revendications étaient somme toute assez proches, quelle que soit l'origine sociale ou géographique des personnes. Il n'y a jamais de cas individuel. La situation propre à une personne est aussi celle de milliers d'autres. Et c'est cela le rôle du député : écouter pour synthétiser et réagir.

En cela cette période a été intense. J'ai en tête une anecdote qui représente bien ce mouvement. J'avais limité à cinq personnes la délégation que nous devions recevoir, Fabrice et moi, ce jour-là. Les gilets jaunes sur le dos, les délégués sont entrés dans ma permanence, laissant leurs collègues dans la rue devant la porte. La première chose qu'ils m'ont demandée a été : « Madame la Députée, est-ce que l'on peut enregistrer ? »

Ma réponse est sortie du tac au tac : « si vous voulez des réponses franches et non convenues, je ne peux pas être enregistrée ». Je savais hélas les dégâts que pouvaient représenter des propos pris hors contexte ou des fragments d'interview sortis du cadre initial. Et là, leur réponse m'a sidérée : « ce n'est pas vous que nous voulons enregistrer. Ce sont nos questions. Sinon, les autres dehors ne vont pas croire qu'on vous les a posées, on vous laisse le téléphone et vous nous enregistrez quand on vous pose les questions. »

Ce comportement est révélateur de l'état d'esprit de la société d'aujourd'hui. Au sein d'un même groupe, d'un même mouvement pourtant extrêmement solidaire avec des moments de partages autour des ronds points et de leurs assemblées générales, la défiance était si forte entre eux, la notion de représentation si fragile, qu'ils avaient besoin d'une preuve tangible pour justifier de leur action.

Ainsi en est-il du monde politique d'aujourd'hui et plus encore de demain. On doit se justifier de tout, la confiance est complètement absente. On tend vers une démocratie impérative qui est aux antipodes de l'esprit même de notre République et de nos institutions.

La proximité de l'élu avec la population est essentielle, et c'est pourquoi la diminution du nombre de députés est une mauvaise chose. Pour faire la Loi, on doit être l'émanation d'un territoire et s'y consacrer. Le rôle du député est national, mais il n'aurait pas de sens avec des gens issus d'un scrutin de listes, avec pour conséquence évidente la non-présence de nombre de territoires au cœur de l'hémicycle et la surreprésentation d'autres, certainement mieux lotis à tous niveaux. En effet, la dimension locale du mandat est capitale, ne serait-ce que par les permanences parlementaires qui sont une porte d'entrée trop peu connue par la population pour porter ses doléances au plus haut niveau.

J'ai énormément apprécié tous ces temps d'échange sur le terrain, et il est essentiel de désacraliser le rôle du député en montrant au contraire la simplicité et la connexion que nous devons avoir avec les habitants. Combien de fois ai-je proposé aux parents d'accueillir leurs enfants à l'Assemblée pour qu'ils puissent visiter ce lieu extraordinaire ?

J'ai pu dans ces moments rares observer de près ces élèves de collège ou des écoles que nous invitions à découvrir l'Assemblée nationale. Une telle visite requiert une organisation rigoureuse et ne peut être laissée au hasard. Il faut organiser le transport, souvent pris en charge par la commune ou les fonds propres des collèges (et non par le département, en tout cas dans l'Eure, ce qui est vraiment dommage). Pour les lycéens, le train est envisageable ; pour les plus jeunes en revanche, un car doit être affrété.

Fabrice était doté d'un talent pédagogique indéniable, il guidait les enfants dès sept heures du matin et leur expliquait en chemin au micro de l'autocar le fonctionnement de notre institution. Certes, les enseignants avaient préparé le terrain... mais cette mise en contexte supplémentaire s'avérait essentielle. À leur arrivée (moment que je ne manquais jamais), les administrateurs prenaient la main pour deux heures de visite guidée – un instant mémorable... Je me joignais à eux pour immortaliser la rencontre et éveiller leur curiosité aux symboles républicains tels que nos Mariannes qui veillent près de l'hémicycle.

Je leur montrais combien l'Assemblée est ouverte à tous et les incitais à assister aux conseils municipaux de leurs communes respectives. Il était crucial qu'ils comprennent qu'ils avaient toute légitimité à y participer. Il convient aussi de saluer ces enseignants passionnés qui transforment cette journée en véritable aventure intellectuelle ; loin de se cantonner au Palais Bourbon, ils organisent des excursions culturelles enrichissantes telles que la découverte du patrimoine parisien – Tour Eiffel incluse – agrémentées par des repas pensés sur mesure…

Ma circonscription n'est qu'à vingt kilomètres des portes pontoisiennes ; sa proximité avec Paris simplifie grandement ces escapades pédagogiques dont les coûts sont assumés directement par les collèges concernés.

Il est surprenant de constater le nombre d'enfants qui n'ont jamais visité Paris, malgré la facilité d'accès par train, qui ne requiert que quelques minutes. Les occasions manquées par les parents d'emmener leurs enfants sont rattrapées par les enseignants, qui saisissent l'initiative d'organiser ces voyages.

Ces excursions éveillent l'émerveillement chez les jeunes, leur ouvrant les yeux sur les possibilités qui leur sont accessibles, leur montrant qu'ils peuvent aspirer à plus, qu'ils peuvent réussir. L'ambition est encouragée ; il suffit de lever les yeux et de rêver. Certains enfants expriment alors le désir de réaliser ces rêves. Les retours des parents rencontrés dans la rue, reconnaissants pour ces opportunités offertes à leurs enfants, sont touchants et gratifiants.

J'ai ainsi pu œuvrer afin que le plus grand nombre de classes possible vivent cette immersion au cœur du pouvoir législatif. Entendre certains élèves exprimer une volonté d'engagement politique me remplissait de satisfaction ; il s'agissait là d'un objectif atteignable.

Certains députés se limitent malheureusement aux élus dans leurs invitations... Je m'évertue donc à clarifier pourquoi cela ne devrait pas être ainsi. En effet : visiter l'Assemblée relève du droit citoyen – aucun besoin d'être élu pour cela ! Un simple appel téléphonique suffit pour fixer une date ; munissez-vous simplement d'une pièce d'identité... Passer par un député permet certes d'inviter tout un conseil municipal, mais exige alors des informations personnelles (photocopie de carte d'identité, adresse et numéro de téléphone) bien utiles pour faciliter le contact avec des conseillers municipaux qui sont parfois peu accessibles dans nos campagnes... La démarche est donc quelque peu intéressée puisque cela leur permet de démarcher en privé l'ensemble des élus municipaux des villages ruraux en vue de construire une liste pour les prochaines municipales et dans l'espoir de battre le maire sortant qui, naïvement, a accepté l'invitation du député.

En France, accéder à l'Assemblée nationale constitue un droit civique fondamental autant pour les adultes que pour nos jeunes conseillers municipaux ; ils peuvent venir seuls ou accompagnés. Le député est l'interface entre le territoire et le national, et notamment grâce à ses permanences.

4.… mais surtout députée de la cinquième circonscription de l'Eure

Ce travail de permanence et de terrain, je m'y suis astreinte aussitôt élue.

Au cœur de l'été, je me suis lancée dans la recherche d'un local pour y établir notre base opérationnelle. Notre choix s'est porté sur la ville rurale d'Etrépagny, sélectionnée avec stratégie en raison du soutien marqué de ses administrés pour le Front national. Le local trouvé nécessitait quelques travaux.

Afin de recevoir le plus rapidement les habitants en attendant la fin des travaux, j'ai demandé à la municipalité de Gisors, donc à mon concurrent malheureux, de mettre une salle à ma disposition une fois par semaine. La loi contraint les municipalités à accorder un espace aux députés.

Il a donc mis un petit local à ma disposition, qui se trouvait en bas d'un immeuble dans une impasse avec très peu de passage. Un local défraîchi dévolu aux permanences syndicales, avec des affiches arrachées CFDT et CGT dans le couloir… mon successeur en juin 2022, le député RN aurait plus de chance que moi, le Maire Alexandre Rassaert lui mettrait à disposition un local dans la mairie près de la salle des mariages. Il y a toujours sa place depuis.

Je m'interroge sur ce changement de pratique. Serait-il dû, comme nous venons de l'apprendre par divers médias, au fait que leur président et Sébastien Lecornu participent à des déjeuners secrets avec Marine Le Pen et Sébastien Chenu dans un appartement privé à Paris ? Les accords nationaux ont, semble-t-il, des conséquences sur le confort des permanences locales !

Mon local à Etrépagny étant fin prêt, le jour de l'inauguration approchait.

Bien que l'inauguration officielle ait représenté un événement notable qui a rassemblé une foule composée aussi bien de citoyens que de membres actifs du mouvement. Le maire a brillé par son absence, néanmoins, sa première adjointe était présente.

Permanences parlementaires

de votre députée
Claire O'PETIT

Depuis son élection en juin 2017, de nombreuses interventions ont été effectuées afin de résoudre des difficultés chez certains habitants de la 5ème circonscription de l'Eure. Vous aussi, n'hésitez pas à franchir les portes de ses permanences parlementaires.

à Vernon au 20 rue d'Albuféra,
le mercredi de 9h à 13h
et le samedi sur rendez-vous.

à Etrépagny
au 66 rue Georges Clémenceau
sur rendez-vous.

aux Andelys au 68 rue Marcel Lefevre,
le jeudi de 9h à 13h
et le samedi sur rendez-vous.

Quelques mois plus tard, j'ai établi deux autres points d'accueil : initialement à Vernon, puis aux Andelys. La majorité de ma circonscription était composée de zones rurales. Pour une bonne partie de ses résidents, le principal obstacle était l'absence de moyens de transport : quelques personnes déclinant la possibilité d'un rendez-vous dans un lieu public, j'ai résolu ce problème en établissant trois points de rencontre pour couvrir l'ensemble du territoire.

Au gré de mes responsabilités, j'ai pu échanger avec nombre d'élus ruraux confrontés à leurs propres défis locaux – notamment ceux liés aux tensions avec « la bande à Lecornu » comme ils la nommaient. Certains ont confié avoir été découragés d'assister à notre inauguration par peur de rétorsions financières...

J'ai à partir de ce moment remarqué chez certains élus une métamorphose comportementale : eux qui étaient autrefois chaleureux arboraient désormais une froideur protocolaire. Cette tranche de vie témoigne bien des intrications politiques où alliances et intérêts modèlent significativement les comportements.

Un maire d'une ville conséquente dont je tairai le nom – et non celui de Vernon, dont le tempérament fuyant ne se prête pas à la tâche – s'est vu confier des missions ingrates de dissuasion, qu'il exécutait avec une efficacité et une jouissance indéniable. Cette situation a prévalu durant cinq ans. Les élus de gauche et indépendants, donc plus libres, m'ont accueillie à la vue de tous. Pour les autres, l'essentiel était de dissimuler leur collaboration.

Au début, cette pression semblait gérable, mais avec le temps, les perceptions ont évolué : si initialement on me disait « Madame la Députée, débarrassez-nous de « la bande à Lecornu », vers la fin de mon mandat, les demandes de libération parlaient plutôt de « la mafia » et se faisaient pressantes. D'ailleurs, cela s'est répercuté lors des sénatoriales. Parti pour obtenir avec sa liste les trois sièges mis en jeu, le ministre soi-disant tout puissant dans son département s'est pris une veste qui, ici, a fait l'effet d'une bombe, ne sauvant son seul et unique siège qu'à quelques voix.

Ce même ministre n'a jamais daigné me rendre visite, ni lors de l'inauguration ni par la suite. Contrairement à mes quatre collègues députés de la majorité, je n'ai jamais adhéré à son « micro-parti ».

Cette animosité de mes adversaires politiques était d'autant plus difficile que leur chef de file était ministre dans le gouvernement que je soutenais et dont j'étais membre de la majorité. C'est aussi une des raisons pour lesquelles je me suis naturellement recentrée vers l'opérationnel, très loin d'un appareil dont je voyais les fragilités pour ne pas dire l'incompétence (en tout cas ce mot allait bien à la structure locale du parti). Au lieu de se construire sur des valeurs, la politique d'En Marche s'est bornée à faire des prises de guerres et des débauchages d'individus n'ayant pas les mêmes valeurs que moi (en ont-ils d'ailleurs au final ?) mis dans une sorte de melting pot politique.

L'expérience était exactement celle qui avait été menée par Lecornu avec son micro parti EPE, qui faisait la part belle à Sens Commun tout en récupérant des anciens socialistes défroqués n'ayant pas honte, pour avoir une place au département, des investitures aux régionales, municipales ou législatives, ou pour garder des investitures à la députation, de fréquenter autour de la table des conseils des militantes activistes de la manif pour tous.

Cette absence totale de valeurs et de ligne de conduite est bien entendu mal perçue par la population, qui a horreur de ces tours de passe-passe. Les gens ne sont pas dupes et, en général, préfèrent quelqu'un de droit avec qui ils sont en désaccord plutôt qu'une girouette qui va essayer de prendre le vent pour plaire aux quatre points cardinaux. L'opportuniste ne devrait pas avoir sa place en politique. Mon intégrité et mes valeurs m'ont coûté la mienne lors des investitures de 2022.

Intègre et investie, j'ai voulu aussi l'être dans les dossiers majeurs de mon mandat : pas toujours facile. Et j'ai pu mesurer combien il est difficile de trouver des représentants droits dans leurs bottes, ouverts à la réalité et au verdict de la science ou de l'expertise objective.

L'exemple le plus flagrant a été ma bataille contre la ferme des mille vaches à Houlbec Cocherel. Un vétérinaire étranger avait racheté le site et l'exploitation et voulait augmenter son cheptel jusqu'à atteindre les presque mille têtes : des vaches ne voyant pas la lumière du soleil depuis le jour de leur naissance à celui de leur mort. Inacceptable pour moi. Pour autant, ce projet, porté par un industriel, avait le soutien total de la FNSEA locale, alors même que ce modèle, présenté comme celui du futur, était en réalité d'un archaïsme absolu.

NON A LA FERME DES 1000 VACHES EN NORMANDIE !

Depuis plusieurs mois nous nous battons contre l'implantation d'une nouvelle ferme usine en Normandie à Houlbec-Cocherel (Eure). Le 19 juin, le préfet doit rendre sa décision.
Plus de 1200 vaches, qui du jour de leur naissance à celui de leur mort prématurée n'auront été considérées que comme des machines à lait.
Ce projet préconise de les laisser couchées le plus longtemps possible car elles seraient plus productives !!!

Pollution du sol, de l'eau, transport ignoble et exploitation des animaux : voilà l'élevage intensif.
Nous voulons interpeller les pouvoirs publics sur notre refus de ce modèle.
Nous voulons que nos enfants boivent du lait de qualité, de vaches qui ont mangé de l'herbe, qui paissent dans les prés de nos campagnes, que l'on peut voir car elles sont une part de notre patrimoine français!
Ce projet ne leur permettra jamais de voir la lumière du jour !!!
NON !!!
Le respect de l'homme passe par le respect de l'animal qui le nourrit!

Merci de signer cette pétition pour montrer votre refus de ce modèle
en tapant dans votre moteur de recherche :
Non à la ferme des 1000 vaches en Normandie

Le bien-être animal est au cœur des préoccupations et des aspirations des Français, et ce modèle d'incarcération bovine ne peut pas être l'avenir. L'argument du syndicat était celui-ci : « nous défendons tous les modèles agricoles », argument repris par les jeunes agriculteurs militants qui défendaient le droit à s'agrandir pour survivre. Je leur ai expliqué que le projet qu'ils soutenaient risquait de les détruire en contribuant à la chute du prix du lait, en provoquant une transformation du paysage agricole au bénéfice des industriels puis des fonds de pension désireux de contrôler les terres agricoles, et que lutter contre ce projet était en réalité défendre leur avenir et celui de l'agriculture française qui devait trouver un modèle rentable et productif, mais entre les mains des agriculteurs qui devaient adapter leurs pratiques pour rehausser leur image et participer activement à la lutte contre l'agrobashing. À ce moment-là, leur perspective a changé, laissant place au doute et fissurant le mur des convictions que la FNSEA avait construit autour d'eux.

Il faut rester pragmatiques et ne pas se laisser berner par les dogmes et les lobbies. J'ai été rapporteure pour avis sur le projet de Loi « néonicotinoïdes ». Un sujet explosif – à raison – car ces substances sur des plantes telles que le colza, le tournesol ou même la luzerne, sont de véritables tueuses d'abeilles. Le sujet était de pouvoir les réintroduire à titre dérogatoire pour la culture de la betterave sucrière, victime de la jaunisse, une maladie véhiculée par un puceron. Impossible de s'en débarrasser en l'état actuel de la science sans avoir recours à ces substances. Ayant une sucrerie importante dans la ville d'Etrepagny où se trouvait ma permanence, j'étais au cœur de la problématique et ai énormément travaillé avec mon équipe pour pouvoir avoir un avis objectif. La question de la dangerosité pour les abeilles lors de la culture avait été évacuée : la betterave sucrière est bisannuelle, elle ne fleurit que la deuxième année et on l'arrache à l'issue de la première. De plus, elle ne sue pas et ne peut donc pas abreuver les insectes par sa sueur comme certaines autres plantes ou fleurs. L'utilisation de ces traitements, en effet, est réalisée par l'imprégnation d'une fine couche d'argile recouvrant la graine. Il n'y a donc pas de pulvérisation ni de dissémination aérienne. Les études avaient prouvé l'absence de rémanence dans les sols et la Loi prévoyait par prudence d'interdire toute culture mellifère l'année suivante. Un compromis sécuritaire nécessaire pour permettre de maintenir la souveraineté de la France dans la production essentielle qu'est le sucre. Plus de sucre produit en France, c'est la porte ouverte aux importations de sucre de canne venant du Brésil et produit avec des normes bien inférieures et un bilan écologique aux antipodes du modèle français très protecteur.

Le pragmatisme commandait donc d'accorder la dérogation, comme il recommandait d'interdire la ferme des mille vaches. Et pourtant, pour chacun de ces dossiers, les parties prenantes gardaient une posture d'intransigeance et d'absence de recul. Pour les unes, j'étais l'ardente défenseuse des lobbies agricoles et, pour les autres, le fer de lance des activistes écologistes. Un comble. Mais « in medio stat virtus[1] » est une devise qui parle à la centriste que je suis, mais qui est bien difficile à maintenir dans un monde de plus en plus polarisé et antagoniste. Je crois surtout que c'est beaucoup plus facile d'enfermer l'autre dans une posture caricaturale plutôt que de débattre du fond.

Par ailleurs, mon mandat de députée m'a aussi révélé l'ampleur des responsabilités, notamment en matière de dossiers sociaux, qui nous positionnent comme de véritables assistants sociaux. Les demandes des citoyens, souvent d'ordre administratif, sont incessantes et requièrent une attention particulière. Avec l'aide de mon collaborateur Fabrice, nous

---

[1] «In medio stat virus» signifie que la force ou la vertu se trouve dans la position modérée entre et au-dessus des deux extrêmes de toute question.

avons pu apporter une assistance précieuse à de nombreuses personnes, une expérience extrêmement enrichissante.

Il est erroné de croire que les députés sont déconnectés de la réalité ; au contraire, nous sommes ancrés dans le terrain. Les journées en permanence sont longues et riches, bien au-delà des horaires habituels, et s'étendent souvent jusqu'à 14 heures de présence. Être député est un engagement à temps plein, incompatible avec l'exercice d'un autre mandat.

Nombre de particuliers poussent ainsi la porte de nos permanences, souvent en dernier recours, et souvent aussi quand l'administration est restée sourde à leurs requêtes, parfois à tort. C'est alors tout l'enjeu que de démêler le vrai du faux dans des dossiers parfois (souvent) épais et complexes. Mon principe répété à mes collaborateurs a été tout au long de mon mandat :

« on fait valoir des droits, on ne fait pas de passe-droit ». Et pour avoir une idée précise de la bonne foi dans un dossier, il faut évidemment écouter la personne qui nous l'apporte, mais il faut parfois passer des heures à l'éplucher dans toutes ses pièces pour s'assurer de la chronologie, de la véracité des affirmations, du respect des procédures par les uns ou les autres. C'est souvent un travail juridique très chronophage, nécessitant d'aller puiser dans de la littérature spécialisée, parfois même étrangère, comme pour les études scientifiques des néonicotinoïdes. Ces substances, bien que toxiques, étaient appliquées sur certaines cultures de manière ciblée. Cependant, leur utilisation sur les betteraves à sucre était justifiée par une particularité : ces dernières restaient intactes et non contaminées par les produits. Sans cette intervention, les betteraves auraient été ravagées par les insectes. Face à cette menace, une autorisation temporaire a été accordée aux agriculteurs, leur permettant de continuer à utiliser ces traitements jusqu'à ce qu'une alternative viable soit trouvée. Dans ce contexte, j'ai mené une lutte pour prolonger cette solution transitoire. Il a été demandé aux agriculteurs notamment de planter des haies pour pallier le problème des insectes.

Je me rappelle également d'un cas de non-versement de pilier de PAC (subvention de l'Europe), qui avait été extrêmement complexe et que Fabrice avait mis plus d'un mois à obtenir malgré les interventions directes auprès du cabinet du ministre de l'Agriculture et du ministre lui-même. Il en a aussi été de même pour éviter des expulsions auprès des sièges des banques, auprès de la SNCF pour pallier l'incurie de la Région et des villes de Gisors et Vernon, auprès des bailleurs sociaux, souvent aussi à la main des mêmes cumulards qui laissent des pauvres gens dans le froid, comme aux Andelys, ou dans l'insalubrité dans tant d'autres HLM. Les interventions couvrent tout le champ de la vie du quotidien, jusqu'aux plus intimes et douloureux : les violences, les viols, la prise en compte de la parole et la protection des victimes. Jamais je n'aurais pu imaginer être aussi utile dans mes fonctions, et ceux qui négligent ce versant de la députation passent à côté d'expériences humaines que l'on n'oublie jamais.

Car, en tant que députés, nous sommes tenus de visiter divers établissements – collèges, lycées, maisons de retraite et hôpitaux – et pouvons mener des inspections surprises... J'ai moi-même procédé à ces visites inattendues dans les EHPAD pour répondre aux inquiétudes exprimées par les familles sur certaines difficultés locales.

Ces visites impromptues constituent une part cruciale du rôle parlementaire ; elles méritent notre pleine attention.

Le fait d'avoir été dans la majorité a évidemment beaucoup aidé, grâce à un dialogue direct avec nombre de ministres, parmi lesquels Julien Denormadie, tout particulièrement, avec qui j'ai gardé de très bons contacts au long de mon mandat, même si des amitiés parasites ont pu altérer quelque peu certains moments, mais aussi et toujours avec Brigitte qui s'est souvent montrée réceptive et prête à relayer mes préoccupations auprès d'Emmanuel.

5. L'Eure, ce département si français

Cet aparté local pourrait paraître fastidieux ou incongru pour quelqu'un qui n'est pas au fait des spécificités de ce petit département méconnu, qui est en fait une petite France.

Lecornu avait préfiguré, comme je l'ai expliqué plus tôt, le système En Marche avec son parti « Ensemble Pour l'Eure ». À ceci près que En Marche est né d'un projet, d'une vision et d'un programme clair, fait de pragmatisme, d'émancipation de la Société et de progressisme, quand le parti local EPE était né sur des calculs politiciens, des débauchages et une absence de lignes directrices sinon celle du mélange des genres motivé par les indemnités et le pouvoir. Vous voyez déjà où je veux en venir…

En effet, dès 2017 et dès l'arrivée des ministres issus de la droite dure, la philosophie du mouvement a changé. Les chasseurs d'idées (Emélien, Denormandie, Séjourné, Attal) ont dû céder la place dans l'organigramme et l'influence aux chasseurs de têtes. Il n'était plus question de faire rouler la boule de neige des idées et des valeurs originelles pour la faire grossir et prospérer, mais de prendre de la neige à droite à gauche, même un peu sale, pour la coller sur le bonhomme. À grand renfort de carottes…

On peut dire pourtant que ces gens ont manqué de nez, car seuls ceux qui n'ont jamais construit de bonhomme de neige peuvent imaginer que l'on peut faire quelque chose de solide en piochant de partout et en collant tout autour.

En faisant fi des valeurs de En Marche, en s'asseyant notamment sur le progressisme et l'humanisme, ils ont non seulement fracturé le mouvement, mais également la société. Globalement, l'Eure vote comme la France. Les échéances électorales du territoire auraient dû mettre la puce à l'oreille du Président : 5 députés élus En Marche en 2017 sur les 5 circonscriptions, 4 RN et un LFI en 2022. La Bérézina... mais déjà bien avant cela, la défaite aux sénatoriales du ministre venu pourtant en terrain conquis et annonçant dans la presse locale un 3/3 certain. Je voudrais relever l'incapacité du mouvement En marche, sur l'intervention de ce même ministre de monter des listes aux élections municipales pour garder la place aux copains LR pourtant dans une opposition farouche au gouvernement dont il était membre. Tout a été fait pour conforter la place des amis au détriment du parti. En soi, cela pourrait paraître naturel. Mais encore une fois, quel message envoie-t-on à la population, quel regard porte-t-elle sur l'action des politiques quand un ministre En Marche, représentant le Président pour lequel ils ont voté, soutient un candidat Oser la France et détruit les représentants locaux de son propre mouvement ? Les gens ne sont pas dupes. Cela nourrit la colère, l'exaspération et le sentiment de « tous pourris » que l'on entend tant.

J'ai essayé, dès mon élection, de rencontrer le secrétaire d'État Lecornu, que je ne connaissais pas personnellement et dont je n'avais, comme beaucoup, jamais vraiment entendu parler, et lui avais présenté alors les militants qui aspiraient tout naturellement, sur la vague des législatives, à conquérir le territoire pour y faire prospérer le programme présidentiel. Mais là, surprise : très clairement, il avait été direct ! On ne touchait pas à ses amis, les militants d'En Marche n'avaient rien à espérer.

Les investitures de militants ou de sympathisants pour les différentes élections locales ont fait l'objet d'une fin claire et nette de non-recevoir. Hors de question de challenger ses copains, on ne touchait pas au territoire. Le parti du Président, c'était national ; lui avait son parti local, c'est lui qui investissait et certainement pas En marche.

Comment faire alors valoir des candidatures auprès d'un siège qui avait peur de la lune de l'autre mois et encore davantage d'un secrétaire d'État qui se targuait d'avoir l'oreille du Président de la République… La cause était perdue, on a perdu avec elle la quasi-totalité des militants et des adhérents. À raison, car à quoi bon militer si ce n'est pas pour, à un moment, être élu pour porter ses idées et celles de ses électeurs ? Ils se sont sentis trahis, ils se sont sentis utilisés. Ils avaient parfaitement raison. Là encore, j'ai bataillé pour infléchir les lignes, jusqu'au plus haut. Depuis le 14 septembre 2019, je remonte au Président ces sujets en direct sur Telegram. Réponse un 13 mai 2021 : « Quant à la Normandie, message reçu, je vais calmer les esprits. Je sais les défauts et les qualités de chacun, crois le bien. Continue tes combats et à la fin on gagnera… »

En tuant ainsi le poussin dans l'œuf, ici dans son département, mais aussi grâce à sa fonction aux collectivités locales, il a permis de faire perdurer le réseau d'influence au niveau national d'une droite dure qu'il n'a jamais quittée.

L'Eure a fait office de laboratoire. Le plan actant la faillite du macronisme était déjà à l'action. Lecornu faisait travailler la poutre… Il aurait ordonné à ses comparses maires des Andelys, de Gisors, de Vernon, soit d'adhérer à Horizons, soit de soutenir

David Lisnard ou de se dire indépendants. Cela leur aurait permis d'avoir l'un d'entre eux bien placé ; si en 2027 cette droite gagnait, leur avenir serait assuré.

Le clou de son action a été mon éviction à l'investiture pour les élections législatives de 2022. J'étais la seule des cinq députés En Marche du département à ne pas avoir voulu adhérer à son microparti, notamment parce que j'étais fidèle au mouvement que je représentais à l'Assemblée et qu'il était hors de question de favoriser le maintien aux fonctions électives locales de personnes avec lesquelles j'étais en totale opposition idéologique et politique. L'extrême droite, l'extrême gauche, mais aussi les milieux communautaristes religieux, quels qu'ils soient, ont toujours été des lignes très claires dans ma vie. Peu m'importait que mes collègues y participent, c'était inenvisageable pour moi, même si j'étais consciente de devoir peut-être en payer le prix.

Mais surtout, j'avais osé m'opposer au système et le dénoncer.

Les dîners au ministère des collectivités, par exemple, révélés dans un article de presse (Paris-Normandie, Célia Mick 12 septembre 2019). Cet article dénonçait en effet des dîners de copains, élus de l'Eure, pour préparer les municipales dans la foulée des homards de De Rugy.

Il citait un des convives qui disait à la journaliste *« On sentait que Sébastien voulait nous en mettre plein la vue. Il a sorti les paillettes pour impressionner tout le monde. Il a toujours fonctionné de cette manière. Il arrose les élus pour que chacun soit redevable. C'est comme ça qu'il les tient ».* L'article dans sa totalité était édifiant (disponible en ligne). L'affaire est restée discrète, faute d'une notoriété suffisante à l'époque du principal protagoniste, et réglée rapidement par l'embauche au cabinet du président départemental de Sébastien Lecornu lui-même, dès 2021 jusqu'en 2023, de la journaliste qui justement avait écrit cet article (et qui par ailleurs en aurait peut-être écrit d'autres si elle n'avait pas été embauchée par celui qu'elle dénonçait…)

Je ne pouvais pas me taire ; pas davantage sur l'absentéisme à la Région du maire de Vernon Ouzilleau, qui avait pu avoir l'investiture sur une liste soutenue par Édouard Philippe pour les régionales en 2021 et qui criait au scandale contre Morin au sujet des trains de Vernon alors qu'il avait été dans la majorité auprès de ce même Morin tout le mandat précédent et y avait brillé par ses absences et son silence.

Oui, j'avais dénoncé les comportements locaux. Et pourtant, issue du 93, je pensais y avoir tout vu !

Eh bien, aux mêmes causes les mêmes effets : effondrement du parti présidentiel, maintien en fonction des cumulards du secteur membres du microparti, prise de pouvoir et surtout maillage local du Rassemblement National.

J'ai payé le prix de ma sincérité et de mon intégrité. En refusant de m'incliner devant le fonctionnement local, j'ai pris le risque de dénoncer un secrétaire d'État, puis ministre de mon propre parti. Mais n'est-ce pas le devoir de chacun que d'être sincère ? Chaque information, je l'ai transmise au Président. Les dîners, les placardages dans Vernon d'affiches « Loi Macron, PMA sans père », « Pour que la fête des pères ne devienne pas la défaite des pères » et d'autres horreurs, revendiquées par la binôme de Sébastien et dont elle se vantait dans une interview à Sens Commun en tant que représentante du département « Être représentante de Sens Commun, c'est aussi travailler (...) autour des tâches indispensables mais aussi invisibles : tractage, affichage, organisation de réunion, emailing… »

Mon rôle étant celui d'un relais local, je l'assumais sans réserve et, en toute franchise, sans filtre. Toutefois, comme j'étais également la seule Députée du département à ne pas être adhérente au microparti du ministre, d'autres renvoyaient certainement un tout autre son de cloche.

Dès janvier 2022, l'ambiance de fin de mandat régnait à l'Assemblée comme en circonscription.

Une petite musique persistante, tant dans ma circonscription qu'au sein de l'Assemblée, me parvenait quant à la rengaine que Lecornu et ses sbires ne cessaient de répéter avec entrain : « Pour O'Petit, son mandat s'arrêtera définitivement en 2022, Lecornu fera investir à sa place son ami intime, maire de Vernon, le Président est au courant. »

Tous les élus et conseillers ministériels que j'ai questionnés n'étaient pas convaincus, me répondant tous :

« Brigitte ne le permettra pas ; d'ailleurs, le président t'apprécie. »

Au cours d'une entrevue individuelle avec Richard Ferrand début mars dans son bureau de l'Assemblée, ce dernier m'a confirmé qu'il était de tout cœur avec moi, déclarant qu'il ne laisserait pas Lecornu imposer ses protégés.

Stéphane Séjouné, qui dirige le mouvement La République en Marche, m'a exprimé les mêmes sentiments que Richard et Gabriel.

Tous étaient sincères et ne pensaient pas que le Président me laisserait tomber.

Vingt-quatre heures avant les investitures définitives des candidats pour les législatives, j'ai reçu plusieurs appels téléphoniques de conseillers élyséens m'informant que je figurais bien sur la liste transmise par le Président. Ils riaient, en me disant : « Tu vois, nous étions certains que ni Brigitte, ni le PR ne t'auraient trahie. »

Le bonheur a été éphémère : le jour suivant, à 20 h 30, mon téléphone a sonné. Je le perçois comme si cela se passait en ce moment même. J'ai décroché et, à ma grande surprise, c'était Julien Denormandie qui était à l'autre bout du fil. Avec une voix à peine audible, il m'a dit : « Claire, je t'appelle parce que je ne voulais pas que tu l'apprennes par les médias demain, tu n'es pas réinvestie. » Le président vient de céder aux pressions de Lecornu ».

Cette annonce a été pour moi un énorme coup de massue. Pendant près d'une heure, nous avons analysé, décortiqué les conséquences politiques qu'allait provoquer cette décision dans la circonscription. Je lui ai démontré d'une manière évidente et rigoureuse qu'avec l'ami intime du ministre comme candidat, c'était offrir sur un plateau d'argent la circonscription au RN, qu'il passerait le premier tour, mais n'aurait pas de réserve suffisante de voix pour gagner le deuxième tour.

À la fin de l'analyse, il était catastrophé, il savait que, depuis les sénatoriales, Lecornu et comparses étaient très affaiblis dans le territoire, mais il n'imaginait pas que c'était à ce point. Il m'a quittée sur ces mots : « j'appelle immédiatement Richard Ferrand pour qu'il m'aide à convaincre le Président de revenir sur sa position, je t'appelle demain matin ». Le lendemain, il a pris de mes nouvelles et m'a informé que le Président n'avait pas répondu à leurs demandes. Le maire de Vernon a été investi, et nous connaissons la suite.

Gabriel m'a également appelée pour savoir comment j'allais, il était dépité, il ne comprenait pas ce désaveu. Ses paroles de consolation résonnent encore en moi, elles m'ont été très précieuses. Et, pendant ces deux ans, il ne m'a jamais oubliée.

Stéphane Séjourné m'a également appelée pendant près d'une heure. Ses mots aussi m'ont énormément touchée : « on ne t'oubliera pas, nous avons besoin de toi, tu es un pilier de notre parti ».

Le lendemain, avec Fabrice et Jim, nous avons eu de très longs échanges.

Que devais-je faire ? Accepter la situation en soutenant celui investi ? Ou me présenter en dissidence ?

Mon premier choix était la candidature dissidente, évidemment, puis est venue l'heure de la responsabilité.

Nous étions tous persuadés que, de toute façon, Ouzilleau ne serait jamais élu député, avec moi en dissidente ou pas. Une majorité d'Eurois et d'Euroises de la 5e en avaient assez des manœuvres systématiques de certains politiques du territoire, prêts à tout pour conserver leurs pré carré. Pourtant, je ne voulais pas être l'excuse de sa défaite, il ne pourrait pas m'en accuser. Il perdrait seul, en prouvant son incompétence et en témoignage de l'antipathie qu'il inspirait et dont nous avions tous entendu parler. Par contre, dans un communiqué de presse (que j'avais également dans un format hors norme exposé sur mes deux vitrines de ma permanence de Vernon), j'ai expliqué pourquoi je ne me présenterais pas et j'y ai dénoncé les manœuvres du ministre et de ses sbires.

COMMUNIQUÉ DE PRESSE DE CLAIRE O'PETIT, LE 9 MAI 2022

Le 7 mai 2022, le parti En Marche a fait le choix de ne pas me réinvestir pour les prochaines élections législatives.

Ce choix a été fait sur la pression de monsieur LECORNU, à la fois ministre et président du conseil départemental de L'Eure et ancien maire de Vernon (un an de 2014 à 2015), pour placer monsieur OUZILLEAU, son ami, Maire de Vernon, Président délégué de Seine Normandie Agglomération, Conseiller régional et Président du conseil de surveillance de l'hôpital Seine Eure.

Cette investiture a certainement été obtenue suite à un courrier d'élus locaux, avec en tête Frédéric Duché, à la fois Maire des Andelys, Président de Seine Normandie Agglomération, Vice-Président du conseil départemental, Alexandre Rassaert, à la fois Maire de Gisors, Président de la communauté de commune du Vexin Normand, Vice-Président du département de l'Eure, mais aussi Thierry Plouvier, et bien d'autres élus qui cumulent la quasi-totalité des fonctions électives locales, avec les rémunérations qui vont avec.

Certains, dont Monsieur Ouzilleau, trouvent même du temps pour aller en plus donner des cours à Paris...

Outrée par ces cumuls, j'ai déposé l'année dernière une proposition de loi (PPL 4349) sur le non-cumul des mandats locaux, afin de faire stopper ce système de rente politique d'élus locaux « professionnels » qui, pour faire un travail pour lequel ils sont indemnisés, embauchent avec l'argent public dans leurs cabinets les copains, petits copains, fille d'ancien député ou beau-fils d'amis...

Voilà ce qui a déplu à ces messieurs. Mais voilà ce que l'on m'a demandé de faire sur le terrain depuis cinq ans quand on venait me voir. Cinq ans de présence continue sur les marchés et foires à tout, et pas seulement pendant la campagne électorale, cinq ans au cours desquels j'ai défendu des centaines de dossiers d'habitants.

Cinq ans pendant lesquels j'ai privilégié ce service local aux ors parisiens.

Je savais qu'en défendant la position de la population je me mettrais les petits barons locaux à dos, mais je suis effectivement très déçue que ce choix ait été entériné par le parti.

Fidèle à mes convictions profondes, j'ai toujours refusé d'adhérer au parti politique EPE de monsieur Lecornu, j'étais la seule députée de L'Eure à le refuser.

Il n'en reste pas moins que l'on ne pourra pas me reprocher d'avoir fait passer mon intérêt personnel avant mes convictions et avant l'intérêt des électeurs.

Je suis fière de m'être battue, à l'inverse de Monsieur Ouzilleau, contre la ferme des 1000 vaches, contre monsieur Ouzilleau encore pour les trains à Vernon, alors que ce dernier voulait défendre sa place dans la majorité du conseil régional et n'a donc pas bronché pendant 5 ans pour améliorer la situation. C'est moi qui suis allée à Paris dans le bureau de monsieur Morin pour me battre pour les usagers.

Aujourd'hui il veut être député. Pour qui ? Pour lui. Il n'a jamais terminé un mandat... que vise-t-il ensuite ? Un tremplin de plus, un trampoline ?

Consciente du risque de voir les extrêmes pouvoir se qualifier et remporter la circonscription, en responsabilité, ne voulant pas fragmenter le bloc des candidats républicains, je ne me présenterai pas à ces élections en dissidence.

Mais je paye aujourd'hui le prix de mon engagement, de ma franchise et de ma liberté.

Merci à toutes et tous, habitants de cette belle circonscription de L'Eure que j'ai pu découvrir en profondeur, merci pour toutes ces rencontres, ces rendez-vous en permanence, ces échanges vifs parfois, mais respectueux toujours, car la véritable bienveillance, c'est savoir aussi se dire en face ce qui ne va pas plutôt que de manipuler en coulisse.

Je reste attentive à notre territoire commun, et vous souhaite le meilleur pour aujourd'hui et pour demain.

Claire O'PETIT, Députée de L'Eure

Le maire de Vernon a donc perdu comme prévu, sans moi, et le RN a remporté 4 circonscriptions sur 5 dans l'Eure ; et Le front de gauche, la dernière.

Ce n'est pas anodin, loin de là, si sur les 5 départements normands, seule l'Eure en 2022 a compté 4 députés RN.

J'accuse la politique du département que dirige d'une main de fer Sébastien Lecornu avec son propre parti politique EPE. Il s'en défend, sous prétexte que dans la ruralité et dans toute la France le RN progresse, mais il est bel et bien responsable. Ses arguments seraient recevables si en 2022 les 4 autres départements normands avaient aussi basculé. Monsieur le président de « EPE », sur 21 circonscriptions normandes, les 4 seules qui ont basculé au RN sont euroises. Partout ailleurs, sur l'ensemble du territoire normand, c'est le parti présidentiel, avec 38,12 %, qui a obtenu le meilleur score au deuxième tour, suivi de la NUPES avec 32,98 %, loin devant le RN et ses 22, 68 %.

C'est votre responsabilité, votre bilan, votre échec.

En 2024, idem, j'avais mon équipe, mes devis, l'imprimerie pour mes affiches et mes tracts, les distributeurs, persuadée que la dissolution serait en automne, et tenant à être prête. Patatras, le président nous l'a fait en juin. Un timing surprenant qui n'a vraisemblablement pas surpris que moi…

À notre grande surprise, immédiatement, le maire des Andelys, président d'Horizons 27, président d'agglomération (SNA), vice-président du Conseil Départemental de l'Eure, trésorier du fameux EPE (et comptant pas moins de 16 lignes sur sa déclaration HATVP - comment un seul homme peut en compter autant... une journée ne comporte que 24 h… - a déclaré se présenter aux législatives dans la 5e, avec comme suppléant… devinez qui ? Eh bien oui, vous avez trouvé, ici on ne change pas une équipe qui perd, c'était bien notre maire de Vernon, conseiller régional délégué, président délégué de SNA , président du conseil de surveillance du centre hospitalier Eure Seine et, bien sûr, adhèrent EPE, et des lignes encore sur sa fiche HATPV.

Donc du beau monde, un tandem 1re classe aux cartes de visite bien remplies !

Lecornu avait là encore sans doute désigné qui devait être investis dans l'Eure. J'invite chacun, pour bien comprendre ces méthodes, à lire l'article de Manuel Sanson, du média (excellent) indépendant Le Poulpe qui, dans une enquête du 7 mai 2021, analysait : « loin d'incarner le nouveau monde, l'élu autodidacte et opportuniste a repris les codes et les méthodes des vieux briscards de la politique, tissant sa toile dans l'Eure où il s'est construit, grâce à des tours de force et une influence

151

toujours plus grande, un fief comme on en fait de moins en moins. Il y règne aujourd'hui en maître… » Et puisque l'on parle de fonctions et de déclaration HATPV, ce même article mentionne notre champion : « le document fait mention de près de quarante mandats au sein de différents organismes publics depuis 2015 ». Cet article nous rappelle également que « c'est cependant au prix d'une trahison qu'il s'assoit, en 2014, dans le fauteuil de premier magistrat de Vernon. Ce fauteuil aurait dû accueillir Jean-Luc Miraux, l'ancien sénateur maire RPR de Vernon, qui l'avait pris sous son aile à ses débuts, et qui espérait reconquérir la mairie (...) à l'arrivée il s'est présenté contre lui et l'a emporté ».

Voilà qui en dit long sur le personnage et peut-être fera comprendre pourquoi il ne respecte ni ses convictions ni les valeurs de fidélité…

Pour revenir sur le casting de 2024 dans l'Eure : dans la 1re circonscription, un candidat Horizons27 ; sur la 2e, la vice-présidente Horizons27 ; sur la 3e, une Renaissance ; la 4e, une MoDem ; et la 5e, notre président Horizons27.

Je m'en suis plainte à Gabriel, alors 1er ministre, pour qu'au moins le candidat de la 1re puisse avoir l'étiquette Renaissance. En toute modestie, je suis très fière d'être à l'origine de ce changement d'étiquette du candidat, merci

Gabriel. En effet, il faut savoir que les campagnes législatives sont importantes pour les partis politiques, puisque le financement public dépend des résultats aux élections, et que les voix obtenues au 1er tour par le candidat investi par un parti rapportent un montant important à ce dernier tous les ans pendant la mandature.

Lecornu et Édouard Philippe, cette fois-ci, se sont vraiment investis dans cette campagne, en organisant à

Bernay un grand meeting pour soutenir leurs candidats et, le lendemain, Édouard a même déambulé avec sa candidate vice-présidente du parti dans les rues de sa circonscription.

Le dimanche 24 juin, les résultats sont tombés. Sur la 5e, malgré le super-binôme de choc, super-titré, le RN a remporté encore une fois l'élection.

Sur tout le département, les 4 députés RN étaient réélus, et le député LFI gardait sa circo également.

Conclusion : le parti Horizons nous a prouvé qu'il n'est absolument pas implanté dans L'Eure, bien au contraire, son échec est évident : ses deux plus hauts responsables ont été rejetés par les Eurois.

Les Français ont de la mémoire, comme je l'ai déjà dit, la gestion de Philippe à Matignon a été épouvantable et, sur tous les dossiers, il a créé le clivage et déclenché la colère. Le 80 à l'heure et les retraites sont certainement les plus emblématiques. Les Français adorent les politiques morts. Dès qu'un président, même détesté pendant son mandat, meurt, il devient adulé et formidable. Ainsi en a-t-il été de Philippe. Inconnu (comme Lecornu d'ailleurs) à son arrivée au pouvoir, détesté pendant son exercice (il a quand même failli mettre la France à feu et à sang, et pas que failli, car le feu a brûlé et le sang a coulé), il est d'un seul coup devenu formidable une fois retourné dans l'oubli au Havre. Pourtant, le baptême du feu des élections a bien prouvé que rien n'est oublié. Les sondages devraient au contraire l'encourager à profiter du vent et des vagues…

Quoiqu'il en soit, sur la 5e, j'ai été la seule depuis 7 ans à battre aux 1er et 2e tour le Front National. Peut-être mon histoire, que vous connaissez maintenant, y est-elle pour quelque chose ? Les Français aspirent à avoir comme représentants des élus qui ont un vécu, qui sont passés par les mêmes galères, ont fréquenté les mêmes milieux, connu les mêmes épreuves. En investissant par principe, et notamment sur le terrain des politiques professionnels, ne s'étant jamais frottés au quotidien de la population, les partis ont éloigné les Français de leurs représentants de proximité. Je conçois que, pour les tâches nationales, il faille des compétences pointues et générales, notre système scolaire sait aussi apporter ces compétences, on ne fait pas piloter un avion à un pêcheur, quand bien même il serait excellent. Toutefois, le rôle de député est avant tout de représenter la population, d'incarner un territoire pour le porter à Paris. C'est un concept qui puise son origine au cœur de la Révolution, auquel je suis extrêmement attachée. Plus que jamais, le politique doit être convaincu, droit dans ses bottes au risque de ne pas faire l'unanimité, car de toute façon on ne plaira jamais à tout le monde. Je le dis par expérience, on préfère la sincérité à la combine, la réponse franche, même si ce n'est pas celle attendue, au sourire de façade et au coup dans le dos.

Voilà, M le Président, pourquoi et par qui a été offerte au RN la terre Euroise, et, au-delà, la France.

Et, malheureusement, vous y êtes pour beaucoup.

Vous m'avez lue, vous m'avez écoutée, mais vous ne m'avez pas entendue.

Je vous serai toujours reconnaissante de m'avoir permis de devenir députée en 2017, mais je vous en voudrai toujours, car, ces deux dernières années, vous ne m'avez pas aidée à redonner à notre département sa grandeur, des élus républicains respectueux des habitants et des valeurs de la République.

Aujourd'hui, grâce à la fidélité de Gabriel, je rebondis. Être fidèle en politique est un atout qui existe encore, évidemment, et Gabriel en est la preuve. Monsieur le président, quelles sont les raisons qui ont fait que vous avez oublié la plus grande partie des députés de votre premier mandat ?

Non, Monsieur le Président, malgré la teneur de votre message, nous n'avons pas gagné. Nous avons même perdu deux fois.

6. Quel avenir ? La montée du RN et la crise démocratique

Ce maillage local des extrêmes, il a été au cœur de mes préoccupations tout au long de mon mandat de députée, mais, bien avant, de ma vie politique. Depuis Saint-Denis avec les ravages de l'extrême gauche qui vendaient du rêve en jouant de la crédulité et d'arrangements obscurs, jusqu'à mon arrivée dans l'Eure où, je dois l'avouer, je ne m'attendais pas à une telle organisation.

En effet, beaucoup d'adeptes du parti EPE du ministre fréquentaient aux abords de la zone rouge (pour moi l'extrémisme religieux est tout aussi dangereux et même davantage que l'extrémisme politique), et d'autres, maires, étaient même carrément adoubés par les membres RN de leurs conseils municipaux qui disaient plus ou moins qu'ils n'auraient pas fait mieux. Tout était fait pour faire monter suffisamment l'extrême droite de la circonscription dans l'objectif de l'avoir comme seul adversaire aux deuxièmes tours des élections et d'être certains de garder leurs mandats.

157

Les élus du RN étaient donc particulièrement bien traités, choyés même comme j'ai déjà pu le dire à propos de mon successeur, protégés également. J'ai en effet été interloquée que la mise en examen du 20 mars 2018 pour recel d'abus de confiance dans l'affaire des emplois présumés fictifs du RN ait été passée sous silence pendant les campagnes des législatives 2022 et 2024. Comment occulter cet élément du parcours de son adversaire politique quand ces mêmes élus locaux n'ont eu de cesse de me salir de vilenies inventées et de ressortir un procès pour lequel j'avais été effectivement condamnée pour manquement dans la tenue de la comptabilité (j'avoue, comme des milliers de commerçants ou d'artisans ne pas être comptable), mais relaxée de tous les chefs d'accusation autres que celui-ci. Jamais je n'ai détourné le moindre centime et la justice comme la questure de l'Assemblée nationale m'en ont l'une comme l'autre donné quitus.

Ils ont donc préféré me salir sans vergogne, à tort, et laisser élire le député lepéniste à deux reprises sur la circonscription sans jamais divulguer cette information pourtant décisive et lourde de conséquences. La mise en examen n'est pas une condamnation, mais elle signifie que, sur le plan pénal et non civil pour cette fois, le juge d'instruction considère qu'il existe des indices graves et concordants. L'information avait pourtant fait les gros titres de France Bleu dès les 28 mars 2018... Au-delà de la mise en examen, ce député a été condamné en première instance dans l'affaire Le Pen.

Je me suis longuement interrogée sur le pourquoi de ce silence. Il y a forcément une contrepartie ou une explication rationnelle, car les renards ne sont pas des oies. L'évocation des dîners avec Solère réunissant Lecornu et Marine Le Pen est à mon sens la piste la plus évidente. Depuis 2017 et sans doute bien avant, Sébastien avait anticipé la déroute du parti macroniste, d'autant plus facilement que, en agissant lui-même auprès du Président et en coulisse auprès du RN, il pouvait couler le premier pour faire émerger le deuxième. Il coulait un bateau en en faisant émerger un autre, sur lequel sa place était réservée. Cela fait finalement sens et se retrouve dans la bouche de tous ceux qui, proches de Lecornu ou Le Pen, essaient de faire monter la rumeur d'une nomination pour succéder à Barnier en disant que Lecornu ne serait pas censuré par l'extrême droite. Un juste retour pour de bons et loyaux services...

C'est ainsi que ce petit département méconnu a servi de creuset pour un piètre alliage et de piètres alliances.

Ce mode de pensée a permis un ancrage local du RN aboutissant à la prise politique par ce parti de 4 des 5 circonscriptions. Cette banalisation des extrêmes est terrible, car à rendre fréquentable l'infréquentable et sans dénoncer le fondement même de ce parti en matière d'exclusion, de repli sur soi, d'intolérance, on lui permet de recruter en fissurant le mur de la honte.

La plus grande difficulté du RN était de ne pas pouvoir monter de listes dans les villes et villages, en partie parce que les gens avaient honte de s'afficher ouvertement Lepénistes. L'isoloir leur donnait du courage, mais hors de question de coucher son nom sur une liste arborant la flamme bleue. Pourtant, les gentils sourires, les invitations aux différents événements du député... soi-disant (je l'ai entendu) « pour montrer à quel point le RN n'était pas au niveau ». On lui servait le Champagne et on lui emmenait les petits fours sur un plateau d'argent.

Quand un Premier ministre se permet de recadrer un de ses ministres parce que ce dernier a dit, à très juste titre, que les députés Rassemblement National ne sont pas dans l'arc républicain, c'est terrible de conséquences : on donne un signal extrêmement fort à tous ceux qui hésitaient encore à franchir le pas parce qu'ils avaient encore un soupçon de bonne conscience, d'intelligence ou de culture de l'histoire ou de la politique. C'est une manière, pour maintenir un gouvernement de béquillards, de dire à tous et à chacun : allez-y, n'ayez pas honte, ces gens-là sont fréquentables. La conclusion ne se fera pas attendre : à cause de propos comme ceux-là, le maillage territorial va aller croissant. Eux qui n'avaient que des électeurs auront maintenant des candidats et des listes sur tout le territoire.

Barnier, sur ce coup-là, est extrêmement coupable et a commis une faute terrible en privilégiant le court terme au temps long, les arrangements et la valse des étiquettes aux valeurs et à la dignité. Mon département de l'Eure a été précurseur en la matière, on a vu les conséquences de l'inconséquence.

Mais, au-delà de Barnier qui, somme toute est à sa place en austère rétrograde d'une droite conservatrice pour ne pas dire formolée, c'est sans aucun doute le Président lui-même qui porte l'ultime responsabilité de la déroute du système politique français. L'idée originelle était magnifique et attendue depuis des décennies : un monde politique ayant le bon sens et non plus

161

les parties comme boussole mais, guidé par les politicards, sa barre a vite ramené le bateau au port. Ce n'est pourtant pas faute d'avoir été averti.

Députés, ministres, proches, l'ont tous mis en garde du danger. À tous et à chaque fois il est resté sourd, n'ayant écouté que les adeptes de la vieille poloche.

Aujourd'hui, tout est à recomposer.

La seule chance pour notre pays est une complète refondation, l'écoute de la voix du peuple. En effet, si l'on compte les voix un soir d'élection, ce n'est pas anodin. Être élu, ce n'est pas seulement avoir sa voix, mais aussi et avant tout porter celles des milliers de personnes qui nous ont confié la leur. C'est être leur bouche, leur langue et aussi un peu leur cœur et leurs tripes. Quand on n'appréhende pas le mandat comme cela, on fait de l'Édouard Philippe, qui n'écoutait pas les députés, renvoyait promener les courageux qui critiquaient la mise en place des 80 km/h en réunion de groupe et se faisaient rabaisser par le maître de Matignon. On en a vu les conséquences, on pourra compter les millions de dépenses engendrées. Idem pour ses saillies sur la retraite qui ont fait capoter la réforme et déclenché les colères en avançant inopinément les 67 ans. Sans sa calamiteuse intervention, nous n'en serions pas là et le système aurait déjà pu commencer son redressement. Comment avec un tel bilan ose-t-il encore nous donner des leçons ?

Pour redonner confiance, il faut avant tout aimer les gens, les respecter et surtout être soi-même en adéquation entre la parole publique et son for intérieur. Je me souviendrai toujours de cette soirée de meeting des Européennes autour de la candidate Nathalie Loiseau à Caen le 6 mai 2019. Après un meeting qui nous avait tous laissés pantois par le manque d'enthousiasme et de charisme de notre tête de liste, pourtant d'une grande compétence, une jeune femme d'une vingtaine d'années, souffrant de trisomie, absolument adorable, est venue me voir en me disant : « Madame, Madame, je vous reconnais, je vous ai vue à la télé, j'ai fait une lettre pour le Premier ministre, je l'adore, pouvez-vous la lui donner ? ». Il y avait des étoiles dans ses yeux, et vu le meeting, peu de personnes présentes en avaient encore... Très touchée par sa demande, je lui ai dit de venir avec moi jusqu'au premier rang, Édouard Philippe était encore sur la scène quand la majorité des intervenants était déjà descendue de l'autre côté et devisait pour débriefer le meeting. J'ai donc profité de son arrivée sur les marches, la petite jeune femme à mes côtés, tenant son enveloppe avec écrit dessus « Monsieur Édouard Philippe ».

Elle était tellement heureuse et fière de pouvoir la lui donner en mains propres ! J'ai interpellé alors Édouard en lui présentant la jeune femme. Il l'a regardée avec dédain, nous a repoussées toutes deux, en me disant texto : « ne m'emmerde pas avec ça ».

J'avais vécu des situations difficiles, mais celle-ci a été une claque. La pauvre petite s'est effondrée en larmes, Fabrice, présent, et moi-même, essayions de la consoler en lui expliquant qu'il devait être fatigué, lui cherchant des excuses que notre colère n'arrivait pas à lui trouver.

Comment peut-on agir ainsi ? Il est, aussitôt après nous avoir écartées, allé retrouver les autres intervenants descendus de la scène, et nous nous sommes retrouvés, tous les trois, en pleurs avec la gamine, la rage au fond du cœur quand elle n'avait que de la tristesse.

Je ne pourrai jamais élire un personnage capable de cela. C'est par trop révélateur du fond de la personne.

C'est en cela que l'on reconnaît l'homme ou la femme : à la qualité de son cœur, à son empathie, à sa compassion.

En cela, Emmanuel Macron m'avait positivement impressionnée, car même s'il ne les écoute pas toujours, il aime les gens. J'en prends pour témoignage, en comparaison avec la scène terrible précédente, cette photo qu'il a accordée à un jeune déficient mental qui était venu l'aborder au grand dam de son service de sécurité lorsqu'il sortait de la pizzeria à Vernon, dans laquelle nous avions mangé le midi du grand débat. Jamais le Président n'aurait écarté comme cela une jeune fille venue lui confier un courrier. Comme quoi, les impressions et les réputations peuvent être trompeuses.

C'est cette empathie et cette sympathie qui m'a rapprochée de Gabriel Attal. Sa participation en 2021 à mon grand barbecue annuel est une preuve de cette appétence qu'il peut avoir à aller à la rencontre de la population. Chaque année en effet, j'organisais un grand barbecue ouvert à toutes et tous. J'y invitais les personnes rencontrées sur les marchés ou foires à tout et également des personnes à qui je glissais une enveloppe d'invitation dans la boîte aux lettres, chaque cinquième de circonscription ayant été invité une année, pour couvrir l'intégralité du territoire.

Les personnes qui venaient n'étaient souvent pas politisées, et en tout cas pas forcément de chez En Marche puisque la plupart m'avaient interpellée pour porter des doléances ou des questions personnelles. Mais il est important aussi de pouvoir rencontrer dans un autre cadre, plus convivial, plus détendu, familial, même si c'est une grosse organisation. Or, Gabriel avait été intéressé par le format et surpris par le nombre de personnes qui venaient à ce rendez-vous. Souvent plus de 300, ce qui est beaucoup dans un monde rural où il est très difficile de faire sortir les gens. L'amabilité est, comme je l'ai déjà évoqué, un enjeu majeur.

Je l'avais invité et il m'avait dit qu'il serait ravi de participer à ce type de réunion. Très heureuse, je l'avais convié, en ne pensant pas que, en tant que porte-parole du gouvernement, il puisse trouver le temps de passer pendant un week-end dans un cadre aussi informel. Les invitations étaient lancées sans aucune mention de sa présence et jusqu'au dernier moment rien n'était sûr (l'expression « agenda de ministre » n'est pas une légende, tout est incertain en matière d'engagement jusqu'au dernier

166

instant). Pourtant, Gabriel est bien venu et est resté à Bézu Saint Eloi au barbecue au milieu de 300 personnes pendant plus de trois heures, à échanger avec toutes et tous et à y prendre du plaisir.

Claire O'PETIT,
Députée de l'Eure
a le plaisir de vous inviter à son barbecue annuel
LE 26 SEPTEMBRE 2021 A 12H30
3, rue Georges Joignel 27660 Bézu Saint Eloi

Outre un témoignage d'amitié à mon égard et peut-être une reconnaissance de ma fidélité, j'y vois surtout la preuve de sa bienveillance et de sa proximité avec la population, y compris celle des zones rurales qui sont le terrain de chasse habituel du Rassemblement National. C'est un homme brillant, mais simple, ouvert et curieux, qui sait parler à chacun, quelle que soit l'origine sociale ou l'appartenance politique. Pour l'avoir connu député jusqu'à Premier ministre, je peux l'affirmer : il n'a pas changé. Je suis cependant particulièrement heureuse de son évolution et ne peux que faire un parallèle terrible entre cette scène de partage et d'amitié et celle d'exclusion, de rejet et de mépris de son prédécesseur boxeur.

L'OBS

Pg Journal	Pg Dossier
14	1/1

EN BREF

Attal fâche Lecornu

« Entre Lecornu et Attal, c'est la guerre ! » Selon un responsable de la majorité, c'est peu dire que le ministre des Outre-mer n'a pas apprécié que le porte-parole du gouvernement vienne soutenir la députée LREM Claire O'Petit sur ses terres, le 26 septembre dernier. La raison ? Sébastien Lecornu, qui est également président du conseil départemental de l'Eure, s'oppose régulièrement à la parlementaire élue du même département. Entre les deux, Gabriel Attal a visiblement choisi son camp.

Conclusion

Monsieur le Président, le 8 décembre dernier, les adhérents de Renaissance ont élu Gabriel secrétaire général.

Cette occasion nous a permis d'apprendre avec consternation la perte considérable d'adhérents en 7 ans.

Aucun parti politique ne peut défendre ses projets, ses valeurs, ses espoirs, ses combats et enthousiasmer ses concitoyens si les relais sur le terrain sont insuffisants. Dans ce cas, rien n'est possible, car rien ne remplace le contact humain.

Vous l'aviez très bien compris en 2016, Monsieur le Président, vous aviez su mobiliser et enthousiasmer des milliers de compatriotes. Les marcheurs sont nés grâce à vous, ils ont fait des millions de kilomètres, monté des millions d'étages, frappé à des millions de portes. Pour vous, pour nous, pour eux, pour qu'avec vous nous vivions mieux…

Sans vous, les marcheurs n'auraient jamais existé, mais il est également vrai que, sans eux, vous ne seriez pas arrivé à la présidence.

Comment avez-vous pu accepter cela ?

Au fil du temps, les agissements de petits barons locaux qui osent tout, gravitant à vos côtés, ont affaibli méthodiquement le parti, en détruisant tous les comités locaux que vous avez vous-même créés, en constituant leur propre mini parti tout en aidant le développement d'Horizon d'Édouard Philippe dans les territoires. Comment osent-ils prétendre vous être fidèles et agir de la sorte ?

Alors que vous connaissiez leurs agissements, quelles sont les raisons qui vous ont poussé à laisser faire ?

Les adhérents de ces territoires ont eu la conviction au fil des mois et des années qu'ils agissaient ainsi avec votre accord, ils n'ont plus réadhéré.

Monsieur le Président, je sais que vous ne voulez pas la destruction de Renaissance, pour preuve votre réaction à mon message sur télégramme le 2 juillet dernier, accompagné de la vidéo toujours visible sur son Facebook, où un individu annonçait la mort de Renaissance. Vous avez réagi en me questionnant : « Qui est ce type ? ». Ma réponse : Alexandre Rassaert, président du département, très très proche de Lecornu et de sa bande.

Gabriel a observé, écouté, analysé et compris le désarroi des adhérents. Il se déplace sur le terrain, les rencontre, renoue avec les anciens députés. Grâce à lui, le parti se transforme. Voilà pourquoi nous constatons aujourd'hui qu'un nombre non négligeable d'anciens marcheurs réadhère, et que d'autres attendent encore un peu et observent. Surtout dans L'Eure, l'espoir est grand : un changement de pratiques est indispensable. Nous demandons simplement le respect des statuts, alors les anciens adhérents reviendront et d'autres nous rejoindront si et seulement si, bien sûr, Gabriel tient ses promesses.

Monsieur le Président, il vous reste deux ans, deux années pour agir, ne plus laisser faire, ne plus accepter le double jeu de certains. Deux années pour reconquérir le cœur des Français et ne pas permettre au RN de gagner en 2027, aux prochaines élections municipales, comme aux futures sénatoriales 2026. La ruralité ne leur appartient pas.

Grâce à Gabriel, je rebondis, la mission qu'il veut m'octroyer est noble et gratifiante, je le remercie de sa confiance. Je repars au combat, je ne m'effacerai plus, j'ai laissé mes adversaires politiques vous prouver à deux reprises leur incapacité à vaincre le RN.

Nous sommes le premier mai, je termine la révision finale de mon livre avant son envoi à l'impression ; sa publication est prévue dans quelques semaines. Je croyais avoir achevé mon récit lorsqu'une notification d'alerte sur mon mobile m'a signalé plusieurs publications critiquant un nouveau repas clandestin le 24 avril entre Le Pen et Bardella chez Lecornu, non pas pour discuter de la défense nationale, mais pour planifier l'après-Bayrou. Convaincu que le gouvernement ne tiendra pas encore très longtemps, il prépare secrètement ses moyens d'action.

Dans quel but ?

Vous ne devinez pas ?

Selon Le Canard enchaîné du 30 avril, « **afin d'obtenir la bienveillance du RN** », puisqu'il convoiterait le poste de Premier ministre. Et ce serait auprès de Marine Le Pen et de Bardella qu'il irait chercher le soutien pour atteindre cet objectif ?

Incroyable, si tout cela est vrai, ce que j'ai dénoncé depuis 2017 sortirait enfin à la lumière du jour.

Je me demande : une telle requête peut-elle être sans contrepartie ?

Si ce n'est pas le cas, lesquelles ?

Le saurons-nous un jour ?

Je souris en relisant ses dernières déclarations où il affirmait "qu'il n'était candidat à rien », aujourd'hui, il aurait ouvertement quémandé le soutien du RN pour parvenir à ses fins, tout en se présentant comme un fervent gaulliste. Je suis convaincue que le général de Gaulle n'aurait pas supporté un tel comportement. Et vous, Monsieur le Président, quel est votre avis sur la question ?

La vie regorge d'imprévus. Nous découvrons ce nouveau dîner clandestin juste au moment où je conclus mon récit.

Voilà, celui-ci se termine là, mon combat politique continue, je ne veux pas que ma fille, mon gendre et mes petits enfants me reprochent un jour d'avoir soutenu et participé à un parti politique qui, par ses manquements et ses duperies, a permis que la France soit dirigée dès 2027 par un parti politique d'extrême droite. Vous ne pouvez pas finir vos mandats en étant celui qui a permis au RN de gérer la France, vous ne méritez pas que les livres d'histoire relatent ce fait.

Je vous avais prévenu. Aidez-nous à ce que cela n'arrive pas, il n'est pas trop tard.